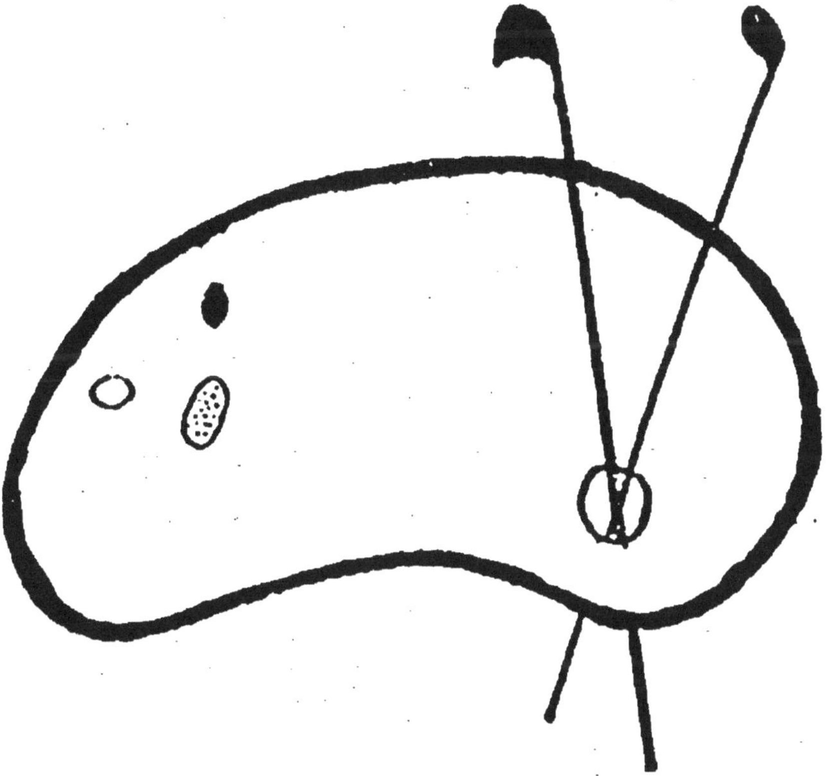

DEBUT D'UNE SERIE DE DOCUMENTS
EN COULEUR

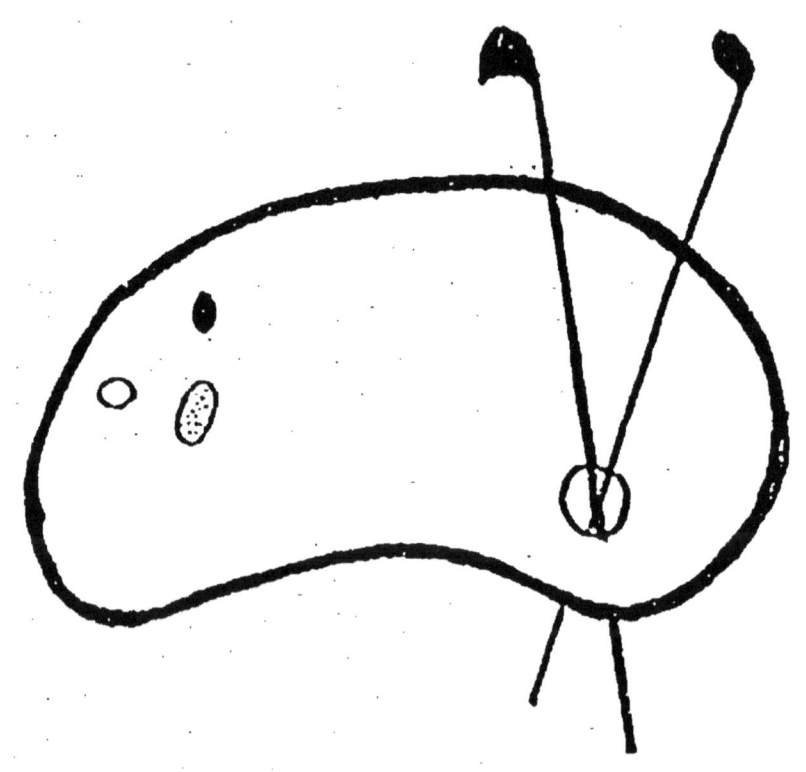

FIN D'UNE SERIE DE DOCUMENTS
EN COULEUR

ÉCOLE DES MŒURS.

4ᵉ SÉRIE GRAND IN-8°.

Propriété des Editeurs.

Eugène Ardant et Cie

BLANCHARD

ÉCOLE
DES MŒURS

EDITION REVUE

PAR E. DU CHATENET.

LIMOGES
EUGÈNE ARDANT ET Cⁱᵉ, ÉDITEURS

NOUVELLE
ÉCOLE DES MŒURS

I. — La crainte de Dieu.

De toutes les connaissances nécessaires à l'homme, la première et la plus importante est celle de l'existence d'un Etre suprême. La persuasion de cette existence est la base fixe et invariable sur laquelle reposent les mœurs, la vertu, la probité, et toute la société humaine.

Oui, il est un Dieu, et nous ne pouvons le concevoir que sous l'idée d'un Etre tout-puissant, souverain protecteur de l'ordre, vengeur du crime et rémunérateur de la vertu. Essentiellement infini dans toutes ses perfections, il cesserait d'être Dieu s'il laissait la vertu sans récompense, ou le vice impuni.

Il n'exerce pas toujours, il est vrai, dans cette vie, les droits de sa justice; mais qui de nous a l'œil assez pénétrant pour découvrir toute la profondeur de sa conduite sur les enfants des hommes, et pour la juger? S'il récompensait toutes les bonnes actions sur-le champ, et s'il punissait le crime aussitôt qu'il est commis, ne gênerait-il pas cette liberté, qui est le principe des vertus, des récompenses méritées, en même temps qu'elle nous fait rendre à Dieu un hommage digne de lui? Oui, s'il lui a plu de nous laisser, durant le cours de cette vie, entre les mains de notre conseil, c'est parce qu'il lui est plus glorieux d'être servi et adoré par des créatures libres et raisonnables que par des êtres qui, soumis à la nécessité, ne seraient ni plus vertueux ni plus vicieux que le soleil qui mûrit nos moissons et la grêle qui les dévaste.

Dieu nous réserve un avenir. Que deviendraient en effet sa justice et sa sainteté suprême s'il regardait du même œil le bien et le mal, et s'il laissait le scélérat dormir à côté de l'homme de bien, dans la nuit paisible du tombeau? Heureux dans son iniquité, environné de richesses et de plaisirs, l'impie aurait opprimé l'innocence, épuisé tous les crimes, et terminé en paix ses jours abominables, pendant que le juste, victime de ses violences, aurait passé et fini les siens dans l'infortune et dans les larmes. Et Dieu qui en aurait été le témoin, qui se serait vu lui-même infiniment offensé dans les persécutions faites à la vertu, garderait un éternel silence! et il n'y aurait pas une autre vie où sa justice rétablira l'ordre, changera les destinées, et rendra à chacun selon ses œuvres! Oui, sans doute, Dieu se lèvera enfin, jugera lui-même sa cause, et se vengera en maître justement irrité. « Il n'est si lent à punir, il ne laisse échapper avec tant de peine, dit l'Ecriture, sa colère, que parce qu'il a une éternité tout entière pour frapper les coupables. » En vain donc l'impie se flatte-t-il d'être anéanti ; celui qui l'a tiré du néant l'en tirerait une seconde fois, s'il le fallait, pour exercer sur lui ses vengeances, et lui faire boire jusqu'à la lie le calice de sa fureur.

Dieu ne nous a pas créés, il est vrai, pour nous perdre et nous rendre éternellement malheureux ; mais aussi il ne nous a pas créés pour l'offenser et l'outrager. Nous l'outrageons cependant, nous changeons toutes les vues qu'il avait sur nous : faut-il dès lors nous étonner qu'il change à notre égard tout l'ordre de sa providence ? Si nous abusons de sa bonté et de ses bienfaits dans le temps de sa clémence, ne doit-il pas punir les outrages sans nombre faits à sa souveraine majesté, lorsque le temps de sa justice sera venu ?

Plus ses châtiments seront terribles, plus nous devons les redouter et craindre un maître aussi puissant qu'il est juste. Mais, quelque triste qu'il soit de le dire, la plupart des hommes n'ont jamais fait là-dessus aucune réflexion profonde, et ils vivent sur ce qu'il y eut jamais de plus important pour eux dans une indifférence étonnante, qu'ils n'auraient pas pour leurs affaires d'une bien moindre conséquence. Tandis que l'impie, qui désire que Dieu ne soit point, s'efforce de se le persuader, et se fait même un honneur affreux d'en paraître convaincu, beaucoup d'autres, à qui une impiété ferme et déclarée ferait horreur, aiment mieux n'y point penser, ou rester dans une indécision qui, à la bien définir, n'est qu'une espèce d'athéisme moins révoltant et plus tranquille.

Déchirons le bandeau fatal qui les aveugle et ne les excuse pas. Montrons aux yeux et à l'esprit l'existence du souverain Etre imprimée sur toutes les créatures en caractères si ineffaçables et si éclatants que les hommes même les plus simples et les plus grossiers ne sauraient la méconnaître.

———

En effet, quand je vois un bel édifice, je me dis à moi-même : Ce superbe bâtiment ne s'est pas formé seul avec tant d'ordre et de régularité : un architecte habile a tracé le dessin, et des ouvriers intelligents l'ont exécuté. Je rirais de celui qui viendrait me dire sérieusement qu'il est l'ouvrage du hasard. Le hasard! osent-ils dire, cause aveugle qui même n'en est pas une, puisque ce n'est rien. Ainsi, lorsque je contemple l'admirable spectacle de l'univers, ces globes lumineux qui roulent si majestueusement au-dessus de nos têtes, depuis un si grand nombre de siècles, avec des révolutions si justes et si constantes ; lorsque je considère la prodigieuse fertilité de la terre, que le temps n'a point épuisée, et qui nous paie tous les ans, avec le même ordre et une parfaite exactitude, le tribut précieux de tant de fruits et de plantes dont la variété est infinie ; lorsque je promène mes regards étonnés sur l'immense étendue de la mer, que je pénètre dans ses abîmes profonds où se jouent tant de monstres d'une énorme grandeur, où se reproduisent sans cesse tant d'autres poissons dont plusieurs ont reçu pour nous une fécondité inépuisable ; lorsque j'examine enfin la construction merveilleuse du corps humain, qui est un chef-d'œuvre de mécanisme : à la vue de tant de belles choses, plein d'une religieuse admiration, je m'écrie : Assurément tous ces prodiges annoncent un souverain maître, qui a créé le monde par sa toute-puissance, le conserve par sa bonté, et le gouverne par sa sagesse infinie. Quel autre en effet pourrait les avoir produits ?

Levons donc les yeux vers le Ciel ; nous verrons que tout y annonce à l'univers l'existence et la grandeur de Dieu.

Qui a dit au soleil : Sortez du néant et présidez au jour; et à la lune : Paraissez et soyez le flambeau de la nuit? Qui a donné l'être à cette multitude d'étoiles qui décorent le firmament, et dont le nombre ainsi que l'éclat a vraiment de quoi nous étonner et nous surprendre ?

Comme il n'y a que celui qui a fait les étoiles qui puisse en compter le nombre, lui seul aussi peut en mesurer la grandeur. Elle doit être prodigieuse, puisqu'on les aperçoit encore, quoiqu'elles soient la plupart beaucoup plus éloignées de la terre que le soleil lui-même, dont la distance nous étonne. C'est la sagesse divine qui a mis, ainsi que les étoiles, l'astre du jour à la juste distance qui nous convenait. Placé plus loin ou plus près, il nous eût été inutile ou nuisible : il n'aurait pu rendre la terre féconde par sa douce chaleur, ou il l'aurait brûlée de ses feux.

Si quelques-uns de ces astres innombrables qui brillent au-dessus de nos têtes venaient à se déplacer, tout l'univers serait dans la confusion ; le moindre choc d'une de ces sphères terribles pourrait mettre notre globe en morceaux. Cependant, malgré leur multitude, malgré les efforts et la rapidité de leurs mouvements, depuis six mille ans qu'elles se meuvent toujours l'une auprès de l'autre, dans le même ordre et sans aucun embarras, le jeu en est également facile et constant. Elles sont donc toutes sorties d'une main, et marchent sous les lois de leur maître. Qu'il est donc grand ce maître ! qu'il est puissant ! Oui, le Ciel est rempli de sa gloire : le jour révèle au jour sa magnificence éternelle !

Si, au spectacle magnifique du ciel nous joignons celui de la mer, quelle sublime idée n'aurons-nous point de la puissance de Dieu ? Ne peut-on pas même dire que la mer nous offre, à bien des égards, une image sensible de la divinité ? Son immensité nous peint en quelque sorte celle de Dieu ; sa profondeur, qu'on ne saurait atteindre, l'abîme impénétrable des célestes décrets ; son calme nous représente la clémence divine, et son courroux la colère terrible d'un Dieu irrité. Les mugissements affreux de ses flots remplissent d'effroi les plus intrépides, et, en les voyant s'élever presque jusqu'aux nues avec tant de grandeur et de majesté, celui qui pense ne peut s'empêcher de reconnaître, avec le roi-prophète, que c'est là vraiment une des choses les plus admirables de l'univers, et un des témoignages les plus convaincants de la toute-puissance divine.

On croirait que ce vaste et fier élément, dans la fureur qui le transporte, va quitter son lit et inonder les terres. Mais la même main qui élève ses vagues comme des montagnes vers la haute mer lui a prescrit des lois qui les répriment du côté de la terre. Quelque furieuse que soit la mer en approchant de ses bords, elle s'en retire en mugissant, et courbe ses flots respectueux, comme pour adorer l'ordre souverain qu'elle y trouve écrit. Les savants de tous les siècles ont cherché à découvrir ce qui retenait ainsi la mer; mais quelle autre cause trouvera-t-on jamais que la volonté d'un Dieu tout-puissant, qui seul peut faire tomber l'orgueil de ses flots devant la ligne qu'il lui a tracée?

La terre concourt également avec la mer et les cieux à publier la gloire de son auteur, et à nous faire apercevoir ses perfections invisibles dans les ouvrages de ses mains. Quel lieu de la terre pourrions-nous parcourir où nous ne trouvions partout sur nos pas les marques sensibles de l'existence de Dieu, et de quoi admirer sa grandeur et sa munificence? La prodigieuse fécondité des plantes prouve visiblement le dessein du Créateur. Il pourvoit, par ce moyen, et à la conservation de l'espèce qui orne notre demeure, et au besoin de tant d'animaux qui s'en nourrissent. Pour admirer la bonté de Dieu dans l'extrême variété des fruits, dans leur abondance, dans leur délicatesse, dans leur règne périodique et successif, il n'est pas nécessaire de l'envisager avec des yeux chrétiens; il suffit de la voir avec des yeux attentifs. Aussi un sage du paganisme n'a-t-il pu considérer cette bienfaisance de l'auteur de la nature qu'avec des transports d'admiration et de reconnaissance.

Mais quoi! descendons jusqu'aux plus vils insectes: quel amas merveilleux de beautés secrètes! et dans ces petits animaux qui ne sont rien, quelle perfection inexprimable! Plus l'objet est petit et l'ouvrage imperceptible, plus brille l'art de l'ouvrier. Tout est grand et admirable dans la nature : les petites choses y sont marquées au coin d'un créateur tout-puissant. L'œil d'un ciron est d'une finesse où notre esprit se perd. Philosophes orgueilleux, produisez, je ne dis pas une de ces riches fleurs qui font l'admiration de nos yeux et l'ornement de nos jardins, mais un de ces vermisseaux que vous foulez aux pieds, que vous méprisez. Quelle richesse, quel éclat de couleurs sur la tête d'une mouche, dans tous les anneaux d'une chenille, sur les ailes des papillons! Quel sujet d'admiration et de reconnaissance ne trouvons-nous pas dans ce ver précieux à qui nous devons nos plus doux et nos plus superbes vêtements!

L'univers est rempli de miracles semblables, que nous n'admirons pas parce qu'ils sont trop fréquents, mais qui ne prouvent pas moins, à qui sait penser et sentir, non-seulement l'existence d'un Etre infiniment puissant, mais aussi sa sagesse, sa magnificence, et surtout sa bonté pour nous.

———

Toutefois, le chef-d'œuvre de cette création admirable c'est l'homme. Qu'il est beau, qu'il est grand, qu'il est magnifique ce vassal du ciel, ce roi de la terre! Il est l'abrégé des merveilles de l'univers; et la structure admirable des membres de son corps, qui jette dans l'étonnement tous ceux qui l'étudient, est peut-être une des plus fortes preuves de l'existence d'un Etre suprême. Gallien, philosophe païen, et l'un des plus célèbres médecins de l'antiquité, n'a pu exposer dans un de ses ouvrages la construction du corps humain sans s'écrier qu'il avait chanté le plus bel hymne en l'honneur de la divinité.

Non, nous ne sommes pas l'ouvrage du hasard: le rien ne fait rien, et une cause aveugle ne peut produire un effet où brillent l'intelligence et la sagesse. Nous sommes créés de Dieu. Notre corps est formé de limon, à la vérité, mais il a été pétri par la main du Tout-Puissant. Ce corps ainsi organisé n'était encore que matière. C'est Dieu qui y a répandu un souffle de vie; et c'est ce souffle de vie qui nous anime. Il nous a faits à son image, en nous donnant une âme spirituelle et immortelle, capable de connaître son auteur, d'admirer ses ouvrages, et de commander à toute la nature.

Ces lumières pures, que nous donne le flambeau de la révélation sur la noblesse de notre origine, quelque communes qu'elles paraissent à un esprit frivole, ne sont-elles pas bien plus belles et plus satisfaisantes que les puériles chimères qu'on se plaît à y substituer pour nous dégrader, en nous confondant avec les plus vils animaux?

Dans cette multitude d'êtres vivants dont le monde est rempli, la beauté de l'univers serait sans témoins, ô mon Dieu, si mon âme qui en jouit ne vous payait pas l'hommage de son adoration. Puis-je réfléchir, et ne pas sentir naître dans mon cœur mille sentiments de reconnaissance, à la vue des biens que vous dispensez à l'homme d'une manière si libérale? Puis-je ne pas être sensible à l'empire qu'il m'a donné sur tout ce qui m'environne, à la distinction flatteuse qu'il a mise entre les connaissances si bornées des animaux brutes et ma raison qui s'élève jusque dans le ciel, jusqu'à vous, ô suprême auteur de notre être?

―――

Sans doute il y a des maux et des désordres sur cette terre; mais n'oublions pas qu'une faute première a fait de ce monde une terre d'exil, une vallée d'épreuves. Héritiers malheureux d'un père criminel, nous avons été enveloppés dans sa disgrâce, comme les enfants infortunés d'un père rebelle sont justement privés des biens et des prérogatives de leur naissance.

De là toutes les misères attachées à la nature humaine, les fléaux qui désolent la terre, et les passions qui la ravagent encore plus ; de là les poisons et les bêtes venimeuses armées contre nos jours : le feu, la grêle, la famine et la mort, créés, dit l'Ecriture, ainsi que les dents des bêtes, les scorpions et les serpents, pour exercer la vengeance. De là enfin tous les autres désordres survenus dans la nature, et dont nous souffrons : tristes apanages de l'homme pécheur. Dieu néanmoins ne nous a pas traités avec toute la rigueur que nous méritions. Aux maux et aux afflictions qu'il destinait à nous rappeler à lui, il a mêlé des biens et des douceurs qui en tempèrent l'amertume. Il nous a châtiés en père, et c'est avec bonté qu'il nous punit.

O homme, qui veux comprendre quelque chose à ta destinée, garde-toi d'oublier cette première page de nos livres sacrés. C'est pour avoir repoussé le dogme du péché originel que l'orgueil humain dans tous les siècles a débité tant d'erreurs, tant d'absurdités sur l'humanité, sur le monde, sur Dieu lui-même. Nous reviendrons du reste sur cette vérité fondamentale, sans laquelle l'univers n'est qu'une énigme.

———

Grand Dieu, souverain maître de l'univers, quels lieux de la terre pourrais-je parcourir où je ne trouve partout sur mes pas les marques sensibles de votre présence, de quoi admirer la grandeur et la magnificence de votre saint nom ? Si des peuples sauvages ont pu laisser effacer l'idée que vous en aviez gravée dans leur âme, toutes les créatures qu'ils ont sous les yeux le portent écrit en caractères si ineffaçables et si éclatants, qu'ils sont inexcusables de ne pas vous y reconnaître. L'impie lui-même a beau se vanter qu'il ne vous connaît pas, qu'il ne trouve en lui-même aucune notion de votre existence infinie : c'est qu'il vous cherche dans son cœur dépravé et dans ses passions, Dieu très-saint, plutôt que dans sa raison. Mais qu'il regarde du moins autour de lui, il vous retrouvera partout; toute la terre lui annoncera son Dieu : il verra les traces de votre grandeur, de votre puissance et de votre sagesse imprimées sur toutes les créatures, et son cœur corrompu se trouvera seul dans l'univers qui n'annonce et ne reconnaisse pas l'auteur de son être.

L'homme devenant tout charnel ne sait plus admirer que les beautés qui frappent ses sens; mais, s'il voulait faire taire ses pensées désordonnées qui offusquent sa raison ; s'il savait s'élever au-dessus de lui-même et de tous les objets sensibles, ah! il reconnaîtrait bientôt que tout ce qu'il y a de plus grand et de plus magnifique dans l'univers n'est, ô mon Dieu! qu'un trait grossier, une ombre légère de la grandeur et de la gloire qui vous environnent. Les cieux eux-mêmes, dont la hauteur et la magnificence vous paraissent dignes d'admiration, disparaissent comme un atome sous les yeux de votre immensité. Ces globes immenses et infiniment élevés au-dessus de nous sont encore plus loin des pieds de votre trône adorable qu'ils ne le sont de la terre. Tout nous annonce votre grandeur, et rien ne peut nous en tracer même une faible et légère image. Elevez donc mon âme, grand

Dieu, au-dessus de toutes les choses visibles! que je vous voie et vous aime tout seul au milieu de tous les objets que vous avez créés; qu'ils ne sortent jamais, à mon égard, de leur destination et de leur usage! Ils ne sont faits que pour manifester jusqu'à la fin aux hommes la puissance qui les a créés, et lui former des adorateurs, et non pas pour s'attirer eux-mêmes notre amour et nos hommages.

Les parents et les maîtres ne sauraient donc inspirer de trop bonne heure à leurs enfants et à leurs élèves la crainte du Seigneur. Qu'ils leur répètent souvent ces beaux vers de Racine dans *Athalie* :

Soumis avec respect à sa volonté sainte,
Je crains Dieu, cher Abner, et n'ai point d'autre crainte.

Qu'ils leur inculquent ces belles maximes du Sage : « Les grands, les juges et les puissants sont en honneur; mais nul n'est plus grand que celui qui craint Dieu. Celui qui a peu d'esprit et de lumières, mais qui a la crainte de Dieu, vaut mieux que celui qui a un grand sens, et qui viole la loi du Très-Haut. Celui qui craint le Seigneur sera heureux, et il sera béni au jour de sa mort. »

Ainsi pensait l'illustre Blanche. Avec cette tendresse que la nature a donnée aux mères, et cette magnanimité que la religion donne à ses héros : « Mon fils, disait-elle à saint Louis encore enfant, je vous aime beaucoup; mais j'aimerais mieux vous voir expirer à mes pieds que de vous voir commettre un seul péché mortel. » Ces paroles restèrent si profondément imprimées dans le cœur de ce saint roi, que l'histoire atteste qu'on ne lui en vit jamais commettre un seul.

Ce qu'il dit à Joinville, comme cet historien lui-même le rapporte, prouve aussi combien il était pénétré de cette grande vérité. Ayant un jour, dans la conversation, demandé à ce seigneur ce qu'il aimerait le mieux, d'être lépreux ou d'avoir commis un péché mortel, Joinville lui répondit, avec sa franchise naturelle, qu'il aimerait mieux avoir fait trente péchés que d'avoir la lèpre. Le saint roi indigné lui dit d'un ton un peu ému : « Il paraît bien que vous ne savez pas ce que c'est que d'avoir offensé Dieu. Apprenez qu'un seul péché mortel est un mal plus à craindre que tous les maux du monde ensemble. »

L'empereur de Constantinople était mortellement irrité contre saint Jean Chrysostôme ; un jour, enflammé de colère, il dit en présence de ses courtisans : Je voudrais me venger de cet homme. Quatre ou cinq de ces courtisans assemblés donnèrent leur avis. Le premier dit : Envoyez-le pour jamais en exil. Le second : Confisquez tous ses biens. Le troisième : Chargez-le de fers au fond d'un cachot. Le quatrième : Vous êtes le maître, faites-le punir. Un cinquième plus intelligent : Vous vous trompez ; ce n'est pas le moyen de s'en venger. Si vous l'envoyez en exil, la terre entière est sa patrie ; si vous confisquez ses biens, vous les enlevez aux pauvres, et non à lui ; en prison, il baisera ses fers ; en le condamnant à mort, vous lui ouvrez le ciel. Voulez-vous vous venger? forcez-le à commettre un péché ; *cet homme ne craint que le péché en ce monde.* Heureux, mon fils, si on pouvait aussi dire de nous : Cet homme ne craint que le péché, et il le craint souverainement.

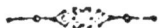

II. — La Religion, seul fondement de la Morale.

C'est un langage aujourd'hui assez commun, qu'on peut être honnête homme quoiqu'on n'ait point de religion. Mais la plupart de ceux qui parlent ainsi ne sont que des échos, et n'ont jamais approfondi les devoirs qu'impose la qualité d'honnête homme. Ils consistent sans doute, ces devoirs, à vivre selon les lois de la plus exacte probité. Or, la première de ces lois n'est-elle pas de s'acquitter fidèlement de tout ce qu'on doit aux autres hommes, bien plus encore au souverain Maître de tous les hommes? L'Être suprême n'a-t-il pas droit d'attendre de ses créatures les justes hommages qui lui appartiennent? Et ne devons-nous pas, autant par reconnaissance que par justice, remercier, prier, honorer celui de qui nous tenons tout ce que nous possédons, tout ce que nous sommes?

Que faut-il donc penser de ces phrases banales : « A la religion près, c'est un fort honnête homme. » Elles signifient que c'est un fort honnête homme, à cela près qu'il manque au devoir le plus essentiel de l'homme, qui est de reconnaître son Créateur, et de le servir. C'est un fort honnête homme, à cela près qu'il a des principes qui ne sont propres qu'à saper la probité par ses fondements.

Car, au fond, qu'est-ce qu'un homme sans religion? C'est un homme qui n'a plus d'autre règle que ses passions, d'autre loi que ses penchants, d'autre frein que la crainte de l'autorité, d'autre Dieu que lui-même. Un tel homme peut bien avoir quelquefois le masque et les apparences de l'honnête homme; mais il n'aura jamais une probité solide et constante. Il ne sera jamais, longtemps du moins et toujours, ce que le monde appelle un parfait honnête homme.

Dans combien de circonstances critiques, de rencontres délicates, de positions embarrassantes, sa faible vertu ne sera-t-elle pas renversée, si elle n'est étayée de la foi; comment pourra-t-elle résister seule à mille attaques qu'elle aura à soutenir dans le détail ordinaire de la vie, et encore plus dans certains états, dans certaines conditions? En vérité, quels motifs assez puissants pour accomplir avec fidélité tout ce qu'ordonne la probité la plus sévère aura celui qui a secoué le joug salutaire et sacré que Dieu lui impose?

Sera-ce l'intérêt personnel? car c'est là le mobile de la conduite des hommes. Mais n'est-ce pas cet intérêt même qui est le père des crimes et qui fait les infracteurs et les coupables, lorsqu'il n'est pas soumis aux lois de la conscience et de la religion?

Car si c'est précisément l'intérêt qui me conduit, ne me sollicitera-t-il pas lui-même en mille rencontres à tromper l'un, à supplanter l'autre, à décrier celui-ci, à m'élever sur les ruines ou à m'enrichir aux dépens de celui-là? Toutes les voies honorables, régulières, honnêtes, qui ne m'éloigneront point de mon but, seront de mon goût: je les respecterai: j'aurai soin de faire sonner bien haut ma probité, ma sincérité, mon désintéressement : mais toutes les sourdes intrigues qui m'en abrégeront le chemin, qui m'en assureront le succès, seront mises en usage. L'honneur est à couvert, l'impunité est assurée, la fortune est brillante, la passion est vive, le plaisir est piquant, le moyen est infaillible. Il ne m'en coûtera qu'un peu de mauvaise foi pour surprendre la simplicité et séduire l'innocence ; qu'un peu de médisance pour écarter un rival redoutable, et me laisser libre le chemin de la faveur et des emplois; qu'une complaisance illicite, mais nécessaire, pour m'assurer un protecteur puissant, et me ménager un criminel appui ; qu'un peu de détour et d'hypocrisie pour parvenir au comble de mes vœux. Ferai-je ce pas? ne le ferai-je point? Non, me dit la probité ; non, me dit l'honneur. Ah! faibles voix, au milieu de tant d'attraits, de tant de fortes tentations, serez-vous écoutées, si la religion ne vous appuie pas?

Dans des conjonctures si critiques, dans des pas si glissants, qui est-ce qui se soutiendra, sinon l'homme nourri et pénétré de ces grandes maximes : La lumière de Dieu perce tous les voiles de l'iniquité ; un jour viendra où le tissu de l'intrigue la plus heureusement conduite, développée aux yeux de l'univers, ne passera que pour le criminel ouvrage d'une noire hypocrisie ; les fortunes du temps ne dédommagent point des pertes de l'éternité !

Donnez-moi dans les circonstances les plus délicates un homme que soutient la religion, je ne craindrai rien pour sa probité ; elle triomphera de tout, et malgré les assauts des passions elle demeurera ferme et inébranlable comme un rocher battu des flots de la tempête. Mais qui de nous aimerait que son sort, sa fortune, son honneur, fussent au pouvoir d'un homme sans religion ? « Je ne voudrais pas, dit prudemment l'Oracle des philosophes du xviii⁰ siècle, avoir affaire à aucun prince athée, qui trouverait son intérêt à me faire piler dans un mortier ; je suis bien sûr que je serais pilé. Je ne voudrais pas, si j'étais souverain, avoir affaire à des courtisans athées, dont l'intérêt serait de m'empoisonner ; il me faudrait prendre du contre-poison tous les jours. »

———

Mais autant la vérité l'emporte sur l'erreur, autant la probité inspirée par la religion chrétienne est-elle supérieure à celle que peuvent donner les autres motifs. Elle domine sur toutes les conditions, sur les rangs les plus élevés comme sur les plus bas, en faisant voir sans cesse un Maître suprême, qui punira dans les princes, ainsi que dans leurs sujets, les moindres infractions des lois de la probité. Aussi ne trouvera-t-on nulle part plus d'exactitude et de délicatesse sur ce point que dans les personnes animées de son esprit.

Quelque besoin d'argent qu'eût saint Louis pour l'expédition de la Terre-Sainte, il fit, avant son départ, publier par toute la France qu'il était prêt à réparer, de ses propres revenus, tous les torts que ses officiers auraient causés aux particuliers; qu'il satisferait à cet égard tous ceux qui lui porteraient des plaintes. Ayant été fait prisonnier de guerre par les Sarrasins, il traita avec eux de sa rançon et de celle de ses principaux officiers. Instruit que les ennemis s'étaient trompés de dix mille livres, et qu'on voulait profiter de ce mécompte en sa faveur, il ne le voulut jamais, et fit tout pour payer avant de partir.

Tel est l'homme religieux en secret et en public, dans la force et dans la faiblesse, sur le trône et sous le chaume obscur. Aussi Massillon a-t-il raison de s'écrier : Toute la vertu des impies se borne à cacher la profonde corruption de leur cœur. Ils affectent quelquefois les dehors de la sagesse, de la régularité; ils affichent la modération et la philosophie, parce qu'ils sentent bien que leur vie les rendrait l'opprobre du public si elle était connue. Ils se piquent des vertus extérieures qui honorent la société ; ils veulent passer pour amis fidèles, pour rigides observateurs de leurs promesses; ils ont une vaine ostentation de droiture et de sincérité. Mais il n'en n'est pas un seul qui ne soit en secret dévoué à tous les vices, pas un qui ne soit parjure et trompeur quand il peut l'être sûrement, et sans que sa gloire en souffre ; pas un qui s'abstienne d'un crime utile ou agréable, lorsqu'il ne pourra jamais être connu que de lui seul.

Malheur, dit-il dans un endroit, aux maisons et aux familles qui donnent accès chez elles aux esprits forts! Elles deviennent des écoles où les maximes du libertinage sont enseignées. L'épouse regarde bientôt la fidélité d'un lien sacré comme un vain scrupule que la tyrannie des hommes a établi sur son sexe. L'époux se persuade que son goût doit décider de son devoir. L'enfant se croit autorisé à secouer l'autorité paternelle. Le père croit que laisser agir les penchants de la nature, c'est toute l'éducation qu'il doit donner à ses enfants. Quelle paix et quelle union peut-il y avoir dans un lieu où le désordre seul et le mépris de tout joug lient ceux qui l'habitent! Quel chaos, quel théâtre d'horreur et de confusion deviendrait la société générale des hommes, si les maximes de l'impiété prévalaient parmi eux!...

Malheur à ceux qui, en abandonnant la religion, quittent le flambeau pur de la vérité pour suivre les lueurs trompeuses d'une fausse philosophie! Où pourront-elles les conduire, qu'au plus grand et au dernier des précipices? Car il est rare que l'on sorte des routes égarées de l'impiété. L'âge affaiblit les autres passions, mais l'orgueil de l'incrédule se fortifie avec les années ; ce n'est guère qu'à la mort qu'il est contraint de se démentir. Alors ses doutes s'éclaircissent, sa fierté se dément : il pâlit, il se trouble. Est-ce donc qu'un rayon sorti des profondeurs de l'éternité lui a découvert en un moment le secret de ces mystères qui révoltaient sa raison? Non, les dogmes impénétrables de la foi restent encore à ses yeux enveloppés des mêmes ténèbres : mais ses passions expirent ; elles s'éteignent avec ses jours ; leurs charmes disparaissent devant la nuit et les horreurs du tombeau ; la religion reprend son autorité à mesure qu'elles perdent de leur empire, et les décisions de l'esprit ont changé parce que celles du cœur ne sont plus les mêmes.

Combien de héros de l'incrédulité ne sont rien moins que ce qu'ils paraissent ! La religion, ils croient l'avoir étouffée ; ils se trompent, elle existe encore dans leur cœur, et elle reparaît dès que les passions lui font place. « C'est, dit lui-même Bayle, un des coryphées du philosophisme, qui ne parlait sans doute que d'après sa propre expérience, c'est un feu caché sous la cendre ; ils en ressentent de temps en temps l'activité, et surtout à la vue de quelque péril. On les voit alors plus tremblants que les autres hommes. Le souvenir d'avoir témoigné plus de mépris qu'ils n'en sentaient pour la religion, et d'avoir tâché de se soustraire intérieurement à son joug, redouble leur inquiétude. »

S'il s'en trouve quelquefois d'une impiété assez déterminée pour faire parade de leur irréligion, au moment même que la mort va trancher leurs jours et décider de leur destinée éternelle, ils sont en bien petit nombre. Mais quand ce prétendu héroïsme serait moins rare qu'il ne l'est, prouverait-il autre chose que la force d'une passion invétérée, de la prévention, du respect humain, et du pouvoir qu'a sur nous la honte de se rétracter ? Ne sait-on pas aussi que la grande colère de Dieu est souvent de ne la point faire éclater ; et que, par un effet de ses redoutables jugements sur les enfants des hommes, il laisse quelquefois alors dans un mortel assoupissement et dans une fausse paix ceux qui, pendant leur vie, l'ont oublié ou ont affecté de ne le pas connaître ? Mais non : ces effroyables tableaux des angoisses et des déchirements de l'impie mourant ne sont pas si rares ; et quel exemple plus frappant que celui de Voltaire ? Il semblait que le ciel, depuis si longtemps justement irrité de ses blasphèmes, eût attendu à faire éclater sa vengeance ; que, ramené dans sa patrie par les vœux ardents de ses sectateurs, il fût élevé au comble de la gloire, et, comme une idole, entouré d'honneurs presque divins. C'est dans ce moment-là même que, devenu pour ainsi dire une victime plus digne de la justice divine, il est frappé. Oh ! qui dira ses accès affreux de trouble et de désespoir ! « Je voudrais, écrivit le jour de sa mort un fameux médecin du roi, que ceux que ses ouvrages ont séduits eussent pu en être les témoins : il n'en faudrait pas davantage pour les détromper. Que ne l'ont-ils entendu répétant : « Dieu m'abandonne ainsi que les hommes. » Quelles fureurs ! quels accès de rage ! Vainement ses disciples et ses amis s'efforcent de dissiper ses terreurs : il frémit ; il ne cesse de blasphémer... Il expire enfin en proférant une horrible imprécation. Le curé de Saint-Sulpice n'osait retracer en entier les effroyables détails de cette mort.

Qu'il est malheureux de n'avouer son erreur que quand on sent le bras du Tout-Puissant qui s'appesantit sur soi! Qu'il est triste de ne reconnaître un Dieu qu'à ses châtiments!

III. — La Religion chrétienne.

Jeune homme que je veux instruire ici, je suppose que vous n'êtes point de ces esprits frivoles ou corrompus qui ne lisent qu'avec répugnance ce qui regarde la religion ; indice trop certain qu'ils ne l'aiment point, si même ils ne vont pas jusqu'à la haïr secrètement, parce qu'elle les gêne ou les condamne. J'aime, au contraire, à me persuader que, la regardant avec raison comme la chose la plus importante qui soit au monde, vous lui êtes sincèrement attaché, et que vous relisez toujours avec plaisir les solides preuves qui vous confirment de plus en plus dans la douce et satisfaisante persuasion que la religion que vous avez le bonheur de professer est véritablement divine. Ceux qui, pouvant l'étudier, ne veulent pas s'en donner la peine, marquent peu de religion et une secrète disposition à l'incrédulité, ou une indifférence criminelle pour la plus nécessaire de toutes les connaissances. O vous donc que les leçons de l'impiété ont prévenu contre elle, étudiez-la avec le désir sincère de connaître la vérité, et bientôt vous serez convaincu qu'elle est marquée du sceau de la divinité !

Mais que cette droiture de cœur est rare ! On cherche moins à s'instruire qu'à se rassurer dans le parti inquiétant de l'incrédulité. Combien de personnes, pour vivre plus tranquillement dans leurs désordres, et pour se livrer plus impunément à leurs passions, voudraient que la religion fût fausse, et cherchent de tous côtés des doutes qu'ils aiment à prendre pour des vérités ! Ils applaudissent à tous les traits qu'on lance contre elle ; ils dévorent avec une espèce de volupté tous ces poisons réchauffés qu'ils trouvent dans ces libelles impies dont le public est inondé, tandis que presque aucun d'eux ne daigne jeter les yeux sur les excellents ouvrages qui ont été faits pour défendre la religion. Ils y verraient qu'on ne l'attaque que par le mensonge, par la mauvaise foi, par de misérables sophismes que ses adversaires ne cessent de répéter, quoiqu'on y ait cent fois victorieusement répondu. Ils y verraient que les preuves qu'elle donne de sa divinité sont non-seulement invincibles, mais si claires et si faciles à comprendre, qu'il n'y a personne qui ne puisse en sentir la vérité.

J'espère, ô mon fils, dans ces quelques pages, fortifier vos convictions : étudions ensemble, ou plutôt indiquons, car cela suffit, trois ou quatre de ces preuves invincibles.

———

Et d'abord l'éclatant miracle de la résurrection de Jésus-Christ. Comme il n'y a que la toute-puissance divine qui puisse arracher à la mort ses victimes, et rendre la vie à ceux qui l'ont perdue, il n'y a qu'un Dieu fait homme qui puisse se ressusciter lui-même. Jamais aucun imposteur n'a eu la folie d'annoncer qu'après sa mort il sortirait vivant du tombeau. Jésus-Christ est le seul envoyé de Dieu qui ait osé faire une telle prédiction, et la donner comme la marque la plus certaine de l'authenticité de sa mission.

Donc de deux choses l'une : si la résurrection de Jésus-Christ n'est qu'une fable; si les preuves mêmes qu'on en a ne sont qu'équivoques ou incertaines, brisons ses statues, renversons ses autels, et ne le regardons que comme un misérable séducteur, un imposteur sacrilége, qui a voulu follement abuser de notre crédulité et usurper les honneurs divins. Mais s'il est vraiment revenu à la vie, ainsi qu'il l'avait prédit; si la preuve que nous en avons est portée jusqu'au plus haut degré de certitude que les hommes puissent jamais avoir, il faut qu'à son nom tout genou fléchisse, et qu'on le reconnaisse pour le maître souverain du ciel et de la terre.

Or, ce prodige unique et inouï jusqu'alors est prouvé par un grand nombre de témoins oculaires et dignes de foi, par l'aveu de ses ennemis, par le témoignage de Dieu même. Il n'y a donc jamais eu d'événement mieux attesté, et la certitude que nous en avons est la plus grande qu'on puisse jamais avoir.

La manière merveilleuse dont cette religion s'est établie ne prouve pas moins invinciblement qu'elle a Dieu seul pour auteur. Jésus-Christ, paraissant dans le monde, annonce le dessein le plus grand et le plus inouï que jamais homme ait osé concevoir. Toute la terre est plongée dans les ténèbres de l'idolâtrie. La seule nation juive, méprisée de toutes les autres, connaît le vrai Dieu. La plupart des hommes sont livrés aux plus honteuses passions, aux superstitions les plus ridicules. Jésus-Christ se montre, et il déclare que c'est lui qui est envoyé de Dieu pour renverser les idoles, abattre tous les temples qui leur sont consacrés, convaincre de folie la fausse sagesse des philosophes, éclairer tous les hommes, changer la croyance et les mœurs des nations, détruire les préjugés, abolir les superstitions, et réunir tous les peuples du monde sous une même loi. En formant une telle entreprise, il n'ignore pas que rien n'est plus difficile que le changement de religion ; que les hommes sont naturellement portés à respecter celle qu'ils ont reçue de leurs pères, et dans laquelle ils ont été élevés. Il sait que les nations auxquelles il veut faire annoncer l'Evangile, entêtées de leurs erreurs, et plongées dans les débauches les plus infâmes, tiennent par le cœur à une religion aisée et commode, qui, loin de contraindre les passions, les autorise et les consacre. Il sait qu'il aura à combattre sa propre nation, infiniment attachée à sa loi, superbement enivrée de la flatteuse espérance qu'un Messie glorieux et triomphant devait rétablir le royaume d'Israël dans toute sa splendeur. Il connaît tous ces obstacles, il les prévoit; et cependant rien ne l'arrête.

On doit convenir qu'il est impossible qu'il réussisse, ou il faut qu'il ait des moyens bien puissants. Oui, il en a certainement, mais qui sont bien différents de ceux que la sagesse humaine aurait employés. Qu'on lise ce que les historiens nous en apprennent, et l'on verra que Jésus-Christ a fait, humainement parlant, tout ce qu'il fallait pour ne pas réussir. Né dans un coin de la Judée, de parents pauvres et sans crédit, il demeure caché pendant trente ans. Il sort enfin de sa retraite pour commencer son grand ouvrage. Il appelle à lui douze personnes, gens sans lettres, sans autorité, sans éducation, sans biens, sans aucun talent de la parole, et qui n'avaient d'autre métier que la pêche. Voilà les grands instruments qu'il destine à opérer une si étonnante révolution dans le monde. Que fait-il pour se les attacher? Il leur dit de le suivre, et ils le suivent, quoiqu'ils le voient pauvre et sans aucune distinction humaine, et leur répétant encore sans la moindre ambiguïté qu'ils n'ont à espérer que des persécutions. « Ils vous chasseront des synagogues, ils vous feront souffrir toutes sortes de tourments, et la mort même, à cause de mon nom. » Croit-on qu'une telle promesse fût bien attrayante?

Cependant ces douze hommes s'attachent à lui, et le suivent partout jusqu'à sa mort.

Elle arrive enfin, cette mort; et ne devait-elle pas naturellement détruire un ouvrage aussi étonnant, commencé depuis un si petit nombre d'années, avancé si peu et si faiblement soutenu? Il meurt, et de quelle mort? Il meurt comme un scélérat, par le supplice le plus infâme; il expire, et il est mis dans le tombeau. Ses disciples timides et dispersés paraissent abattus et sans espérance. Son projet semble enseveli avec lui. Mais non : c'est lorsque tout est désespéré que tout va commencer. Ce même homme, dont le nom paraît exterminé de dessus la terre, va accomplir le grand œuvre de Dieu. Il avait dit à ses apôtres que ce serait après sa mort qu'il les enverrait prêcher partout son Évangile, établir partout sa religion, et appeler toutes les nations à la connaissance du vrai Dieu. Toutefois il leur avait promis, en même temps, de les revêtir de la vertu d'en haut, de leur donner une force et une sagesse à laquelle personne ne pourrait résister, d'opérer par eux les plus grands prodiges, de former par leurs travaux une société nombreuse de vrais adorateurs, et de conserver jusqu'à la fin des siècles cette société que l'enfer même, toujours conjuré contre elle, ne pourra jamais détruire.

Or, je le demande aux incrédules, ces promesses n'ont-elles pas été accomplies? Ils ne peuvent le nier. La face de la terre a été changée, la religion chrétienne a été reconnue pour la seule véritable, et a été embrassée dans toutes les parties du monde connu.

La lumière a brillé aux yeux des nations qui étaient assises dans les ténèbres; et ceux qui n'adoraient que des vaines idoles n'ont plus adoré que le vrai Dieu : les mœurs sont devenues aussi pures que la doctrine; c'est l'ouvrage des apôtres. Ils ont fait ce que toute la philosophie n'a pu faire, elle dont le flambeau n'a éclairé aucun pays, dont le zèle n'a renversé aucune idole, dont l'éloquence n'a changé aucun peuple. Platon, avec tout le crédit et l'estime que lui donnaient dans le monde sa science et ses talents, n'a pu engager une seule contrée de la Grèce à vivre selon les lois de la nouvelle république dont il avait tracé le plan; et ces hommes obscurs et grossiers réduisent les provinces et les royaumes sous l'obéissance de l'Evangile.

Ils persuadent aux Juifs que Dieu vient d'abolir leur religion, et qu'un nouveau culte a remplacé leurs sacrifices. Ils leur font reconnaître comme le Messie promis par les prophètes avec tant de pompe celui qui a vécu parmi eux pauvre et méprisé; ils leur font adorer comme un Dieu celui qu'ils viennent de crucifier comme un impie et un scélérat. Ils font recevoir aux idolâtres une religion absolument contraire à la leur, une religion qui proscrit tout ce qu'ils aiment le plus, leurs usages, leurs fêtes, leurs spectacles; une religion sévère qui exige de ceux qui l'embrassent la plus grande pureté de mœurs. Ils prêchent des mystères inouïs jusqu'alors, des dogmes qui paraissent révolter la raison humaine; et on les croit. Ils annoncent une morale absolument opposée aux inclinations de la nature, et elle est reçue partout ; et les grands mêmes, les sages, les philosophes, embrassent la doctrine de ces pauvres, de ces hommes sans lettres, et destitués de tout secours humain. Miracle incroyable, si les premiers prédicateurs du christianisme n'ont pas confirmé leurs prédications par les merveilles les plus extraordinaires, par les signes les plus étonnants, et par des prodiges évidemment marqués du sceau de Dieu!

Que fera donc ici le déiste? avouera-t-il ces prodiges, qui sont mille fois plus notoires et plus constants que les faits les plus avérés de l'histoire profane? Dès là il avoue que la religion chrétienne a Dieu pour auteur. Prendra-t-il le parti désespéré de contester la vérité de ces prodiges? Mais ne serait-ce pas un miracle plus grand et plus incroyable que ceux qu'on ne veut pas croire, d'avoir converti le monde sans miracles?

Car il est constant que cette religion a été embrassée par un grand nombre de Juifs, par une infinité d'idolâtres. Témoin saint Justin, qui, vivant au second siècle de l'Eglise, compte une infinité de nations soumises à l'Evangile. Témoins, cent ans après, Origène et Arnobe, proclamant que le christianisme est répandu partout où le soleil porte sa lumière.

Selon les prophéties, toutes les nations ont été ébranlées. On les a vues briser leurs idoles, renverser leurs temples, renoncer à toutes leurs superstitions, et former ce peuple saint, ce peuple nouveau, qui s'est agrandi et étendu malgré toutes les puissances du siècle qui s'efforçaient de l'exterminer. Rome même, la superbe Rome, après avoir juré la ruine du nom chrétien, et s'être enivrée du sang des martyrs, a enfin subi le joug de cet homme crucifié dont elle persécutait les disciples avec tant de fureur.

Ces persécutions ont été si universelles et si violentes que le sang des martyrs ruisselait dans les rues, et que les rivières en étaient teintes. Elles ont duré plus de trois cents ans, et au bout de ce temps la religion chrétienne s'est trouvée répandue par toute la terre. Quelle autre religion s'est ainsi accrue, malgré les plus grands obstacles, sans autres armes, sans autres moyens que les vertus de ses enfants, que le courage et le sang de ses martyrs? Plus on le répandait, plus on la rendait féconde : semblable à la terre que le soc de la charrue fertilise en la déchirant, plus les tyrans s'acharnaient à la détruire, plus les idolâtres eux-mêmes s'empressaient à remplacer ceux que le glaive leur enlevait. Où a-t-on vu ailleurs les bourreaux, tout couverts du sang de leurs victimes, changer tout-à-coup de sentiment et mêler leur sang à celui qu'ils venaient de verser?

Que l'idolâtrie, l'athéisme et d'autres erreurs vantent le courage d'un petit nombre de leurs sectateurs qui ont prodigué leur vie pour elles : la religion chrétienne seule peut compter des millions de personnes de tout âge, de tout sexe, de toute condition, qui ont répandu leur sang pour soutenir la religion de Jésus-

Christ. En vain Dodwel, Bayle, et d'autres après eux, ont voulu diminuer le nombre de ces généreux athlètes qui ont scellé de leur sang la divinité de la religion que nous nous faisons gloire de professer. Leur assertion, démentie par les témoignages de Pline, de Suétone, de tous les païens qui ont écrit depuis la naissance du christianisme, de tous les auteurs ecclésiastiques, de toutes les inscriptions, de tous les monuments, ne peut soutenir les regards de la vérité, et la haine seule de la religion peut lui fournir encore des partisans. En dépit de leur audacieuse critique, l'univers équitable respectera toujours ces monuments authentiques que conserve l'Eglise, et où nous trouvons plus de dix millions de martyrs qui ont rendu témoignage à Jésus-Christ. Toutes les sectes ensemble pourraient-elles se mettre en parallèle sur ce point avec la religion chrétienne? Et quelle preuve convaincante de sa divinité! Car il faut nécessairement, ou que tant de millions de personnes qui ont répandu tout leur sang dans les plus cruels supplices pour cette nouvelle religion qu'ils venaient d'embrasser y aient vu évidemment quelque chose de surnaturel ou de divin, ou qu'ils aient tous absolument perdu l'esprit, et qu'ils soient devenus fous jusqu'à la démence. Mais supposer que tant d'hommes soient devenus fous et insensés, n'est-ce pas de toutes les suppositions la plus folle elle-même et la plus extravagante? Cette démonstration, je le crois, mon fils, est inattaquable.

Je trouve une autre preuve de la divinité du christianisme dans les livres et dans la vie des apôtres : si l'on ne saurait, sans renoncer aux plus pures lumières de la raison, révoquer en doute l'authenticité des livres de l'ancien Testament, parce que nous les avons reçus des Juifs eux-mêmes, nos plus obstinés ennemis, qui nous les ont transmis avec la plus inviolable fidélité, et qui les révèrent encore aujourd'hui comme divins, peut-on douter davantage de la certitude des faits consignés dans les nouvelles Ecritures, sur lesquelles est également appuyée la vérité de la religion chrétienne?

Les livres qui composent le nouveau Testament sont l'ouvrage de huit auteurs contemporains, dont les uns écrivent ce qu'ils ont vu de leurs propres yeux, et les autres ce qu'ils ont appris de témoins oculaires. Quelle autre histoire a eu autant de garants, et des garants aussi authentiques?

Une multitude de peuples divers ont reçu ces écrits, et les ont traduits aussitôt qu'ils ont été composés; et ils s'accordent tous à leur donner les mêmes auteurs. Ni le fameux philosophe Celse, qui presque dans l'origine du christianisme a attaqué nos livres sacrés avec tant d'artifice, ni Julien l'Apostat, quoiqu'il n'ait rien omis de ce qui pouvait les décrier, ni aucun autre païen ne les ont jamais soupçonnés d'être supposés. Pour les croire tels, il faudrait admettre que tous les peuples devenus chrétiens se sont unis pour les fabriquer et les répandre ensuite sous des noms imaginaires, ou qu'eux-mêmes y ont été trompés. Mais comment des millions d'hommes auraient-ils pu être abusés sur un fait où l'erreur était si facile à découvrir, ou comment auraient-ils tous conspiré à accréditer et à faire prévaloir l'imposture ! Quoi ! des hommes embrassent une religion qui abhorre le mensonge, ils s'exposent pour elle aux plus violentes persécutions, à la mort même la plus cruelle ; et, sans intérêt comme sans raison, ils se seront accordés dans le coupable dessein d'en imposer à tous les siècles ; ils auront donné comme des ouvrages divins leurs propres inventions ou celles de l'imposteur qui ose les appeler en témoignage de mille faits dont ils connaissent la fausseté ; et ni les divisions qui se sont élevées entre les Eglises particulières, ni la diversité des intérêts, des caractères d'une multitude innombrable de complices, n'auront jamais déterminé personne à dévoiler la fraude ou à désabuser la terre ? En vérité, c'est trop honorer une pareille supposition que de la combattre sérieusement.

Il n'est pas plus vraisemblable que les écrits des apôtres aient pu être altérés ou corrompus. Dans tous les temps, l'Eglise catholique les regarda comme l'ouvrage de l'Esprit saint ; elle fut toujours persuadée qu'on ne pouvait y ajouter ou y retrancher sans impiété et sans sacrilége. De là cette attention religieuse avec laquelle elle ne cessa de veiller sur la pureté de ce dépôt sacré. Que d'obstacles d'ailleurs ne se seraient pas opposés au dessein de corrompre ou d'altérer l'histoire de l'Evangile ! Les copies en étaient répandues dans toute la terre. Elle était entre les mains de tous les fidèles ; on la lisait sans cesse dans les familles, dans les maisons particulières, et dans les assemblées publiques de la religion. Des écrits si publics, si chers à tous les chrétiens, pouvaient-ils souffrir la moindre altération, sans qu'il s'élevât de toutes les extrémités du monde mille voix pour réclamer? Et ne résulte-t-il pas manifestement de la réunion de toutes ces circonstances que les Ecritures du nouveau Testament sont parvenues jusqu'à nous sans aucune altération importante?

Ce n'est pas tout : comme les apôtres n'ont pu être trompés sur les faits qu'ils nous rapportent, puisque ce sont des événements dont ils ont été les témoins oculaires et souvent les principaux instruments, il est également certain qu'ils n'ont pas voulu nous tromper. Sans parler ici de plusieurs autres preuves que nous avons de leur sincérité et de leur bonne foi, la mort qu'ils ont soufferte imprime à leur témoignage le sceau irréfragable de la vérité. Car ce qu'il importe surtout de bien considérer ici, ce qui rend invincible la preuve que nous tirons de ces premiers martyrs, et ce qui les met hors de toute comparaison avec ceux que l'incrédule se plaît à nous opposer, c'est que, bien différents des enthousiastes de toutes les sectes, les martyrs du christianisme naissant sont des martyrs de fait et non pas d'opinion.

Qu'un homme obstiné puisse donner sa vie pour un sentiment faux qu'il croit vrai, la conscience alors, quoique dans les ténèbres, tient lieu de vérité et de lumières. Mais que des séducteurs, sans intérêt et sans motif, ou par la seule satisfaction de faire prévaloir l'imposture, affrontent tout à la fois la rigueur des tourments, les horreurs du trépas, le cri de la conscience, les menaces de Dieu, et cela sans rien espérer de leur folle obstination, avec la certitude même d'en être les victimes, c'est une espèce de délire qui est contre la nature, et dont il n'y a pas d'exemples dans l'histoire. Or les apôtres ont tous offert ou sacrifié leur vie pour attester des faits publics, éclatants, qui ne laissaient aucun lieu à la méprise, tels que la multiplication miraculeuse des pains dans le désert, la résurrection publique des trois morts, celle de Jésus-Christ lui-même, et son ascension triomphante à la vue d'un grand nombre de disciples. Tous ces faits sont donc indubitables, et prouvent en même temps la divinité du fondateur de la religion chrétienne, et celle de la religion chrétienne elle-même.

Aussi, ce qui fait la tranquillité et la joie de tous les véritables chrétiens, c'est d'être assurés qu'ils n'ont rien à craindre pour la vérité de leur religion ; parce que, si elle était fausse, ce serait Dieu lui-même qui les aurait trompés. Le chapitre suivant achèvera cette importante démonstration.

———

Pour vous, mon fils, de tout votre cœur vous aimez Jésus-Christ, vous l'adorez, et de tous les maux celui que vous redoutez le plus est d'offenser un maître si bon, si digne de notre dévouement et de nos sacrifices. Vous ne doutez pas qu'il est votre Dieu, celui qui passe parmi nous en faisant le bien ; qui, à la face du soleil et des multitudes dans l'admiration, multiplia les plus éclatants miracles ; qui, mort enfin sur une croix au milieu du bouleversement de la nature, après avoir, par sa propre puissance, rompu les liens qui le retenaient dans la tombe, afin d'accomplir les prophéties et sa mission, remonta glorieux et triomphant vers son père.

Oh ! non, vous n'êtes pas incrédule ; vous ne tomberez jamais, j'en suis certain, dans cet excès de démence : car votre cœur ne s'est jamais dégradé et ne se dégradera jamais sous le joug honteux des passions. Or, cependant, c'est là ce qui fait l'incrédule ; l'impiété ne peut s'expliquer que par cette triste cause. L'homme qui soupire après la boue a besoin d'écarter ce fantôme importun qui se dresse opiniâtrément devant lui comme témoin vengeur de ses iniquités. Cherchant à se rassurer, il lutte quelque temps, il s'étourdit lui-même jusqu'à ce qu'enfin il crie au Dieu qui le contemple : *Eloigne-toi de moi !* Et Dieu en effet semble s'éloigner de plus en plus, il voile les regards de ce cœur perverti, il enveloppe son intelligence de ténèbres plus épaisses. Telle est l'origine certaine de l'incrédulité ; telle est la source fétide où elle prend naissance.

Si la *raison*, a dit un penseur célèbre, *combat les sentiments d'un homme, cet homme combattra la raison.* Donc, encore mieux, si la religion combat les préventions et les passions d'un homme, cet homme combattra-t-il la religion?

IV. — La Religion catholique seule vraie.

Si parmi tant de sectes qui partagent encore aujourd'hui les chrétiens, toutes pouvaient être la religion véritable, fondée par Jésus-Christ et par les apôtres, il serait sans doute assez indifférent d'embrasser et de suivre celle qu'il plairait. Mais comme elles diffèrent toutes en des points essentiels et contradictoires que Dieu ne peut avoir également révélés, il manquerait quelque chose à l'œuvre divine, et la sagesse éternelle se serait manquée à elle-même, si elle n'avait imprimé à la religion vraiment émanée d'elle des caractères de vérité si distincts et si lumineux que les plus simples mêmes ne pussent s'empêcher de les reconnaître.

Oui, puisque Dieu a révélé une religion aux hommes, et qu'il leur a imposé une obligation indispensable de la croire et de la pratiquer, il faut qu'il l'ait rendue si visible et si éclatante qu'elle l'emporte sur toutes les autres, et qu'elle ait des marques plus certaines qu'elle est la religion véritable. Or, où les trouvera-t-on ailleurs, ces marques divines, que dans la religion catholique, apostolique et romaine ?

Et, en effet, elle est la seule qui subsiste invariablement depuis Jésus-Christ jusqu'à présent, par une succession continuelle de souverains pontifes et d'évêques. C'est en vain que les sectaires tâchent de remonter jusqu'aux Apôtres : on trouve bien des siècles vides et interrompus, où leur religion ne paraissait nulle part; ou plutôt nous savons exactement quand toutes ces sectes ont commencé. On sait le nom de leurs auteurs, qu'elles portent encore aujourd'hui, et celui de leurs premiers sectateurs; leur nouveauté dépose donc contre elles. C'est ce qu'exprima parfaitement un ambassadeur de France en Angleterre. Revenu d'une maladie mortelle, des seigneurs de la cour lui demandèrent s'il n'aurait pas été bien fâché de mourir et d'être enterré parmi eux. « Non, répondit-il ; j'aurais seulement ordonné que l'on creusât ma fosse un peu plus bas, et je me serais retrouvé avec les miens. »

Toutes les autres sectes sont sorties de l'Église romaine par les divorces scandaleux ; mais l'Église romaine n'est sortie d'aucune autre, parce qu'elle n'a point d'autre origine que Jésus-Christ et ses apôtres. Elle a été avant toutes les sectes et toutes les hérésies. Les hérésiarques, avant leur révolte, ont tous été catholiques et romains. Simon le Magicien, premier auteur d'hérésie, s'étant fait baptiser, était de la religion de saint Pierre, premier pape établi par Jésus-Christ; Arius était prêtre de l'Église romaine ; Luther en était moine ; Calvin, chanoine; Zuingle, archiprêtre, et Henri VIII, le fils et le défenseur.

Quelle mission ont-ils donc eue? ou plutôt en ont-ils eu d'autre que celle qu'ils se sont donnée à eux-mêmes, et que chacun peut se donner aussi bien qu'eux? Où sont les miracles que Dieu a opérés par leur ministère pour l'autoriser? N'ont-ils pas au contraire établi et étendu leur secte par les intrigues, les factions, les guerres civiles et la force des armes? Combien de millions d'hommes la secte seule de Luther n'a-t-elle pas fait égorger en Europe! Dans le seul royaume de France, les sectateurs de Calvin ont livré dix-sept batailles rangées contre leurs légitimes souverains! Quelle religion! quelle réforme! quel évangile! Aussi bien toutes les sectes qui n'ont pas été assez puissantes pour pouvoir prendre les armes sont-elles tombées presque dès leur naissance.

———

Mais qui n'admirera la fermeté inébranlable de la religion romaine! Elle a été attaquée par toutes les puissances de la terre et de l'enfer. Les empereurs païens n'ont rien oublié pour l'étouffer dès sa naissance. Plusieurs autres princes ont tour à tour saccagé Rome, massacré ou chassé les papes; plus de deux cents sectes hérétiques ont attaqué l'Eglise romaine. Et à quoi ont servi toutes ces attaques, qu'à la rendre toujours plus ferme et plus invicible! Nous la voyons survivre à toutes les erreurs, traverser avec assurance tous les siècles, et, au milieu de cette agitation universelle des choses humaines, subsister toujours, sans que ni la puissance des hommes, ni la malice des démons, ni les entreprises des novateurs qui ont voulu la diviser par les schismes, ni les artifices des hérétiques qui ont tâché d'altérer la pureté de sa foi, ni les vices d'un grand nombre de ses enfants, et quelquefois même de ses chefs, qui l'ont déshonorée par leurs scandales, aient jamais été capables de l'abattre ou de l'ébranler.

Portez vos regards, au contraire, sur cette multitude de sectes différentes qui ont paru successivement sur la terre, et qui se vantaient faussement d'être la véritable Eglise de Jésus-Christ, et voyez comment, après y voir fait plus ou moins de bruit, suivant qu'elles ont été plus ou moins protégées, elles sont retombées pour jamais dans l'abîme du néant et de l'oubli. Celles qui se sont élevées dans ces derniers siècles, après avoir fait d'abord de grands ravages, ont tari tout d'un coup comme des torrents, et n'ont plus fait de progrès. Elles ne se sont conservées que dans quelques pays particuliers, où les catholiques romains, mêlés même avec elles, ainsi qu'avec presque tous les peuples de l'univers, subsistent malgré leurs haines et les persécutions. On y voit la religion qu'ils professent garder au milieu d'elles le beau nom de *catholique*, ce nom que, pour la distinguer de toute autre Eglise, elles sont elles-mêmes forcées de lui laisser. Réunies toutes contre elle seule, parce qu'elles ne peuvent souffrir une religion dont elles sentent la supériorité, leurs efforts conjurés et toujours infructueux ne servent qu'à confirmer de plus en plus l'oracle de son divin auteur, que *les portes de l'enfer ne prévaudront jamais contre elle.*

Quelle consolation pour les vrais fidèles, et quelle conviction de la vérité, de voir la religion chrétienne et catholique, depuis dix-huit siècles, victorieuse de toutes les erreurs et demeurant toujours la même, se conserver un grand nombre de sectateurs dans les pays qui l'ont abandonnée, et regagner avec avantage dans de nouvelles contrées ce que dans d'autres l'esprit d'erreur et de schisme lui a fait perdre! Le malheur est pour ceux qui la quittent bien plus encore que pour elle. Les branches sèches qui tombent d'un grand arbre ne l'empêchent pas de s'élever avec les autres vers le ciel.

Ce caractère de permanence et d'indestructibilité, unique et propre à notre religion, n'est-il pas un miracle toujours subsistant en faveur de ceux qui n'ont pu être les témoins des miracles sans nombre que le bras du Tout-Puissant a opérés aux yeux de l'univers pour la fonder et l'étendre, une démonstration accablante contre toutes les sectes qui tombent aux pieds de cette Église triomphante dont elles sont détachées?

Aussi ses adversaires mêmes ne peuvent-ils s'empêcher de reconnaître sa supériorité.

Lorsqu'en France l'impiété parut s'asseoir triomphante sur les débris des croix et des autels, un incrédule disait avec une sorte de triomphe : *Gardez bien votre pape, car vous n'en aurez pas d'autre.* Jamais prophétie ne fut plus visiblement démontrée fausse. Quoi de plus étonnant que l'élévation de Pie VII au trône pontifical?

Dieu ayant appelé à lui Pie VI, dont la mémoire durera autant que la religion dont il fut le héros et le martyr, avec quelle consolation on le vit revivre dans

Pie VII son successeur! Et afin que ce grand événement portât le caractère d'une puissance surnaturelle, ce furent nos frères égarés, les Anglais et les Russes, qui relevèrent la chaire pontificale. Dieu appelle du fond du Nord les libérateurs du Midi. Il choisit le protecteur héréditaire de l'Église grecque pour devenir le défenseur de l'Église romaine : il lui ordonne de changer la face de l'Italie, d'écarter tous les obstacles, pour qu'un nouveau conclave puisse s'assembler paisiblement, régulièrement, et sans offrir l'apparence ni même le prétexte de la plus légère division. Venise a la gloire et le bonheur de devenir l'asile du sacré-collége : tous ses membres s'y réunissent ; tous les vœux sont remplis : Pie VII est proclamé, et l'Église a un chef digne de réparer ses malheurs et de refermer ses plaies. Ainsi la divine Providence a raffermi à jamais les fondements de la religion catholique, en ne souffrant pas que la succession des pontifes romains fût interrompue, ou qu'une religion schismatique déchirât la catholicité.

Y a-t-il entre les sectaires l'ombre de cette unité admirable que l'on trouve dans le catholicisme ? Quelle divergence même sur les points les plus essentiels ! Les luthériens reconnaissant trois personnes en Jésus-Christ ; les calvinistes, Dieu, selon ceux-ci, est l'auteur du péché ; c'est un blasphème que cette assertion, selon d'autres. Luther admet trois sacrements ; Calvin deux ; ainsi de suite. Que si Bossuet ne pouvait dénombrer les sectes de son temps, que dirait-il donc aujourd'hui, où les croyances varient, suivant les lieux, au gré des têtes et des cœurs.

Nous pourrions rapporter plusieurs autres preuves qui assurent incontestablement à l'Eglise romaine le titre glorieux de la véritable Eglise de Jésus-Christ. Nous pourrions examiner les causes de ces abjurations quotidiennes qui viennent consoler l'Eglise en Allemagne, aux Etats-Unis, en Angleterre surtout, dont le retour semble peu éloigné.

Mais nous en avons dit assez pour convaincre tout esprit droit et raisonnable qu'elle est la vraie religion que Dieu a révélée aux hommes, la seule véritable Eglise que Jésus-Christ a fondée sur la terre.

V. — La Piété.

« Pauvre raison, qui s'ignore elle-même, et ne con-
» naît ni cette âme dont elle est le rayon, ni ce corps
» dont les sens sont pour elle autant de piéges, ni cet
» univers aux décorations merveilleuses; pauvre
» raison qui ne peut comprendre la création et veut
» comprendre le Créateur. » Ainsi s'exprimait l'éloquent évêque de Nazianze.

L'homme véritablement sensé soumet, en effet, sa

raison à la religion, et la captive sous l'obéissance de la foi. La raison chez lui ne fait que les premiers pas; elle le conduit jusqu'au sanctuaire du christianisme. Là, après lui avoir fait voir écrites en caractères lumineux les preuves incontestables de la divinité de sa religion, elle le remet entre les mains de la foi, à laquelle il s'abandonne aveuglément pour tout ce qu'elle lui enseigne de la part de Dieu, assuré de ne pouvoir jamais s'égarer, parce qu'il est conduit par celui qui est la sagesse et la vérité même. Fidèle observateur de tous les préceptes, il croit devoir n'en mépriser aucun, parce qu'ils émanent tous de la même autorité, qui est celle de Dieu. Enfant soumis de l'Eglise, il en respecte toutes les décisions, et les regarde comme des oracles; car il sait que son infaillibilité est fondée sur les promesses de son divin auteur, qui sera toujours avec elle jusqu'à la consommation des siècles, et qui veut qu'on regarde comme un païen et un publicain celui qui n'écoutera pas l'Eglise. Toutes ses lois sont sacrées pour lui : il sait qu'on ne doit pas seulement l'obéissance aux préceptes naturels et divins, mais encore aux préceptes ecclésiastiques; qu'il faut observer les uns et ne pas omettre les autres; qu'une seule offense mortelle, en quelque point que ce soit, suffit pour nous perdre éternellement.

Mais la vraie piété ne s'en tient pas là; elle ne se borne pas simplement à ce qui est commandé. Elle aspire à ce qu'il y a de plus parfait et de plus digne d'elle et de Dieu. Elle aime mieux en faire trop que trop peu, et aller au-delà de ses obligations que de s'exposer à y manquer, en cherchant trop scrupuleusement le terme de ses devoirs. Elle sait à qui elle se confie. Elle connaît la bonté généreuse du maître quelle sert, et qui récompense si libéralement tout ce qu'on fait pour lui, tandis que les hommes, qu'on sert avec tant de zèle et d'empressement, ne récompensent presque rien de ce qu'on fait pour eux.

Bien différent des mondains, dont la piété est si facile à se rebuter, si prompte à se dégoûter dans le service de Dieu, et qui trouvent que les moments qu'ils y donnent sont toujours ceux qui leur semblent couler le plus lentement, le chrétien pieux ne goûte jamais de moments plus doux, plus agréables, que ceux qu'il peut consacrer aux saints exercices. Il ne s'imagine pas que la naissance, les dignités ni les richesses soient un titre pour se dispenser de ce qu'on doit à Dieu. Plus le rang qu'il tient dans le monde est honorable et distingué, plus il se croit obligé à servir de modèle et à donner l'exemple.

Le livre favori du chrétien pieux est *la Vie des Saints*; il aime cette lecture qui l'éclaire, qui le soutient, et qui l'anime au milieu des luttes de la vie.

———

Il en est qui sont pieux au fond de l'âme, mais qui n'osent se montrer tels. Et pourquoi? c'est qu'on redoute la critique du monde, de ce monde qu'on n'a pas la force de mépriser, lors même qu'on le juge le plus méprisable. C'est qu'on craint des hommes qui ne peuvent faire aucun mal, et dont la censure est un éloge tacite mille fois plus glorieux que leurs fausses et frivoles louanges. En vérité ! et l'on ne craint point de rougir du service d'un maître tout-puissant, d'un Dieu jaloux qui regarde du même œil et ses ennemis, et ceux qui n'osent se déclarer pour lui ! Y a-t-il donc sur la terre des grands assez grands, et des puissants assez puissants, pour mériter que nous les préférions à Dieu ?

Qui que vous soyez, dans quelque état, à quelque haut rang que vous soyez placés, ne rougissez pas comme le superbe qui s'imagine qu'il ne doit point croire ni agir comme le vulgaire. Ne prenez pas pour une marque de noblesse et de grandeur d'être moins sage que les autres.

Ainsi, par exemple, quoi de plus triste que ces jeunes insensés qui, après avoir passé toute la semaine sans paraître dans nos temples, y accourent enfin les jours de fêtes et de solennités ? Entraînés par la coutume, et conduits par la bienséance, ils y viennent pour voir et pour être vus, pour critiquer et pour étaler les modes, les parures mondaines, pour concerter souvent les plaisirs de l'après-midi, durant le plus auguste de nos mystères. Sans retenue comme sans religion dans nos églises, ils osent y causer, y rire, y commettre des indécences qu'ils n'oseraient se permettre dans une assemblée profane. Ils entrent avec décence dans la maison d'un grand, ils s'y observent, ils s'y composent ; et ils ne craignent pas d'entrer, d'agir sans respect dans la maison de Dieu, d'y promener partout leurs regards insolents. A peine daignent-ils suspendre leurs scandaleux entretiens et mettre un genou en terre, ou incliner faiblement la tête, dans le moment le plus redoutable du sacrifice. Mais, encore une fois, s'ils ne sont plus chrétiens, pourquoi viennent-ils dans les assemblées chrétiennes? et, s'ils le sont encore, comment osent-ils y outrager, y insulter le Dieu qu'ils adorent?

Jeune homme, voulez-vous savoir comment on brave tout plutôt que d'apostasier? lisez les Actes des Martyrs; voyez comment l'illustre Basile, cet homme aussi grand par la vertu que par le génie, répondait au préfet:

— Vous ne tiendrez aucun compte de l'autorité; vous ne redouterez aucun des coups dont il est en mon pouvoir de vous accabler? disait ce magistrat en courroux.

— Et quels sont-ils, je vous prie?

— La confiscation, l'exil, la torture, la mort.

— S'il vous reste quelque autre menace, faites-la-moi; ce que vous avez dit ne saurait m'atteindre.

— Et comment?

— Pour celui qui n'a rien, la confiscation n'est pas à redouter. Ce manteau déchiré et quelques livres, voilà tout mon trésor: vous fait-il envie? L'exil, je ne le connais point: libre sur la terre, j'occupe avec indifférence tantôt une place, tantôt une autre: tout l'univers est à moi, ou plutôt il est au Seigneur; j'y suis comme son hôte, comme le voyageur qui passe dans son empire. La torture, que me fera-t-elle? je n'ai point de corps : le premier coup seulement trouvera prise, et ce coup est le seul qui soit en votre pouvoir. La mort sera pour moi une faveur; elle m'enverra plus tôt à mon Dieu pour qui je respire, pour qui je combats, et vers qui, las de cette vie, je cours depuis longtemps.

Étourdi de ces paroles, le préfet répond :

— Personne n'a encore parlé à Modestus avec une pareille audace.

— C'est que peut-être vous n'avez pas encore rencontré d'évêque : obligé de soutenir la même cause, il vous aurait tenu le même langage. Dans tout le reste, nous sommes les plus soumis et les plus humbles des hommes, et jamais nous n'affectons des airs de hauteur, je ne dis pas envers le maître de l'empire, mais envers le dernier de ses sujets. Quand il s'agit de notre Dieu, quand ses droits sont compromis, nous méprisons tout, nous ne voyons que lui. Le feu, le glaive, les ongles de fer nous causent plus de joie que de terreur : frappez, épuisez les menaces et les supplices nés de votre puissance, appelez l'empereur à votre secours, vous ne nous vaincrez pas, vous ne nous forcerez pas de consentir à votre impiété, vos menaces fussent-elles beaucoup plus terribles.

O jeune homme, aie la force d'âme de ces nobles chrétiens, et tu seras fier de pratiquer publiquement les douces et saintes convictions de ton cœur.

C'est au printemps de la vie qu'il faut jeter dans les jeunes cœurs les semences de la vertu. Il faut, pour ainsi dire, leur faire sucer avec le lait les premières douceurs de la piété : elle croîtra avec l'âge, elle jettera dans l'âme des racines profondes, et les plus violentes tempêtes ne pourront la renverser. Dociles à ses leçons, ils deviendront des hommes sages, des citoyens vertueux, des chrétiens irréprochables dans leurs mœurs et dans leur conduite, aussi fidèles à remplir tous les devoirs de la probité et de l'honneur que ceux de la piété et de la religion; ou plutôt exacts observateurs des premiers, parce qu'ils le seront de ceux-ci. Car, comme il n'y a point de vraie, de solide religion sans probité, il n'y a pas non plus de vraie, de solide probité sans religion; et qui peut oublier ce qu'il doit à Dieu peut aisément méconnaître ce qu'il doit aux hommes.

Nous ne pouvons mieux finir ces réflexions que par les excellents conseils que madame de Maintenon donnait, au sujet de la piété, à la duchesse de Bourgogne, dans l'instruction qu'elle composa pour cette jeune princesse. C'est un parfait modèle de ce que tous les gens du monde, et en particulier les personnes du sexe, doivent faire.

« Que votre piété, lui dit-elle, soit solide, droite, éclairée : solide, en évitant de la mettre dans les minuties; droite, en préférant toujours les obligations de votre état à toute dévotion particulière; éclairée, en vous instruisant de tout ce que vous devez savoir pour vous sauver.

» Vous aimez la joie, le repos, le plaisir; croyez-moi, j'ai goûté de tout : il n'y a de joie, de repos, de plaisir qu'à servir Dieu ; le vice est affreux, et l'on ne peut trop tôt se donner au Seigneur.

» Évitez la vanité et l'oisiveté; évitez surtout le péché : on se jette aisément dans le vice, on en sort difficilement.

» Méditez la loi de Dieu jour et nuit ; gravez-la profondément dans le fond du cœur; rentrez souvent en vous-même, et tâchez de vous mettre en la présence de Dieu, au milieu des compagnies les plus nombreuses.

» Aimez l'Église, qui est l'assemblée des fidèles; respectez ses ministres ; protégez les gens de bien et les bonnes œuvres. Déclarez-vous contre les nouveautés de la religion. Tenez-vous attachée au Saint-Siége ; c'est le centre de la catholicité.

» Soyez simple dans la piété, docile, humble, unie, comme saint Paul l'ordonne aux femmes.

» Fréquentez les sacrements avec joie et avec confiance ; choisissez un bon confesseur, et laissez-vous conduire dans le bien qu'il vous conseillera.

» Aimez la lecture des livres qui portent à Dieu, tels que l'*Imitation de Jésus-Christ* et les *Œuvres de saint François de Sales*, que vous ne devez point vous lasser de lire. Les livres profanes inspirent l'impiété, l'orgueil, et nourrissent la curiosité, si dangereuse à notre sexe, à mesure qu'ils étendent les connaissances. »

C'est la piété qui donne l'essor à l'intelligence, et qui ouvre dans le cœur la source des plus purs et des plus nobles sentiments.

Saint Thomas, disciple de saint Bonaventure, ne pouvait se lasser d'admirer l'immense savoir de son maître. J'apprends, disait-il, dans ses leçons ce que je cherche en vain dans les livres. Il s'en ouvrit à lui un jour, et le conjura de ne pas lui cacher plus longtemps les livres rares où il puisait. Bonaventure lui ayant présenté quelques-uns de ces volumes qui sont entre les mains de tout le monde, et voyant que son disciple était peu satisfait d'une telle réponse, fut enfin obligé de lui dire : Oui, vous avez raison, ce n'est là que la moindre partie de ma bibliothèque ; mais voyez-la tout entière dans ce crucifix. Voilà la source que vous m'accusez de tenir cachée. C'est de là, et non de mon esprit sombre et stérile, qu'est sorti ce que vous avez trouvé de raisonnable dans ma doctrine. Ces plaies sont toujours ouvertes et toujours fécondes ; il est aisé de paraître riche et libéral quand on est maître d'un si grand fonds, quand on n'a qu'à recevoir et qu'à répandre. Il y a longtemps que je serais épuisé sans un secours si puissant. »

VI. — L'Orgueil.

Lorsque l'on considère avec les yeux de la raison ce qui a coutume d'inspirer de la fierté aux hommes, peut-on s'empêcher de rire ou d'avoir pitié de leur folie? Car quel juste sujet d'orgueil pourraient-ils trouver en eux? Serait-ce la distinction de la naissance, l'éclat des dignités, les faveurs de la fortune dont ils jouissent? Mais toutes ces choses étrangères à l'homme n'étant rien moins que l'homme même, ne peuvent le rendre plus estimable.

N'y a-t-il pas en effet bien de la petitesse à s'enorgueillir de la noblesse de son origine, puisqu'elle n'est ni le fruit des travaux, ni la récompense du mérite? Quand on louait sur ses ancêtres Alphonse, roi d'Aragon : « Je compte pour rien, répondait-il, ce que vous estimez tant en moi : c'est la grandeur de mes ancêtres que vous louez, et non pas la mienne. La vraie noblesse n'est pas un bien de succession; c'est le fruit et la récompense de la vertu. »

Il y a sans doute de l'avantage à avoir de la naissance : c'est une prérogative illustre, à laquelle le consentement des nations a de tout temps attaché des distinctions d'honneur et d'hommage. On trouve aussi dans la noblesse plus de sentiment et de grandeur d'âme que dans les autres conditions : les exemples domestiques élèvent l'âme et l'enflamment d'émulation. Cela est vrai; mais aussi, plus la naissance est distinguée, plus elle impose de grandes charges, plus elle augmente l'obligation d'avoir du mérite. La noblesse donnée aux pères, parce qu'ils étaient vertueux, a été laissée aux enfants afin qu'ils le devinssent. Si l'équité demande que l'héritier des héros le soit de leurs distinctions et de leurs dignités, n'a-t-on pas le droit d'exiger aussi qu'il fasse revivre leurs grandes qualités et leurs vertus ? La gloire finit où cesse le mérite.

Heureux celui qui est honoré d'un beau nom, s'il sait bien le porter! mais qui le prostitue est à plaindre. La gloire de ses ancêtres le couvre de honte : c'est une lumière qui grossit et rend plus sensibles ses vices et ses défauts.

Si la noblesse est vertu, elle se perd par tout ce qui n'est pas vertueux ; et si elle n'est pas vertu, c'est peu de chose. Si vous n'êtes pas noble, méritez de l'être. Soyez honnête homme, généreux, ami du vrai, inviolable dans vos paroles, maître de vos passions ; on ne regardera point, pour vous donner son estime, si vous êtes noble :

Une seule vertu vaut un siècle d'aïeux.

Un premier président témoigna, dans une cérémonie de religion, les véritables sentiments qui doivent animer non pas seulement un chrétien, mais un homme sensé. Le bourreau était à la sainte table, pour communier. Le premier président vint s'y mettre aussi. Le bourreau, surpris et confus, voulut se retirer. « Restez, lui dit ce président en l'arrêtant par l'habit ; nous sommes ici tous égaux. »

« Les insultes et les outrages, dit l'Esprit saint,

sont réservés pour les superbes, et la vengeance se tiendra en embuscade pour fondre sur eux comme le lion sur sa proie. La maison la plus riche sera anéantie par l'orgueil, et le bien du superbe sera détruit jusqu'à la racine. » L'histoire sacrée et profane nous montre dans mille endroits combien ces paroles sont loin d'être vaines.

Mais rien peut-être n'est plus propre à rabaisser l'orgueil et la fierté de ceux qui se croient élevés au-dessus des autres par leur naissance, que de leur rappeler ce qu'ils deviendront un jour, et de les faire ressouvenir de cette commune et inévitable destinée qui doit les confondre avec le reste des hommes.

Jeune homme, retiens cette page de saint Basile :

« O mortels, race fugitive, corps sans consistance, qui, ne vivant que pour mourir, vous remplissez de chimères, jusques à quand, livrés au mensonge et jouets les uns des autres, ferez-vous des rêves en plein jour? jusques à quand promènerez-vous sur la terre vos illusions vagabondes?

» Homme volage, fais avec moi la revue des hommes, car Dieu m'a donné l'expérience du bien et du mal. Celui-ci se distinguait par sa force et par sa vigueur; robuste et fier, il dominait sur ses compagnons. Celui-là, plus beau que le jour, attirait les regards; il brillait parmi les hommes comme une fleur de printemps.

» Cet autre était un héros dans les combats. Ce chasseur ne manquait jamais sa proie; il dépeuplait les montagnes et les forêts.

» Ce voluptueux, plongé dans les délices de la table, épuisait pour ses repas la terre, les eaux et les airs ; il est maintenant infirme et courbé ; l'âge l'a flétri ; la vieillesse vient ; la beauté s'envole ; ses sens se refusent au plaisir ; il ne vit qu'à demi ; la plus grande partie de lui-même est déjà dans le tombeau.

» Un autre est enflé de ses vastes connaissances. Celui-ci montre avec orgueil les tombes de ses ancêtres, ou le mince diplôme qui l'anoblit. Ce magistrat étale avec vanité les balances de la justice.

» Celui-là, parce qu'il a sur les épaules un lambeau de pourpre, et autour du front un bandeau, commande à l'univers et ose braver les cieux : mortel, il conçoit des espérances immortelles.

» Faibles humains ! bientôt ils ne sont plus que cendre : un sort commun les attend. Pauvres et riches, sujets et rois, tous sont enveloppés dans les mêmes ténèbres ; tous habitent le même lieu.

» Le seul avantage des grands c'est d'être inhumés avec plus de pompe, ensevelis dans de riches mausolées, et de laisser leurs noms et leurs titres sur le marbre et sur l'airain.

» Quelques-uns meurent tard, mais ils meurent ; tous sont compris dans la loi générale ; tous deviennent à leur tour des crânes dépouillés, des ossements décharnés.

» Vanité des vanités, et tout est vanité ! « Qu'est devenue cette pompe du consulat ? où sont ces brillants flambeaux, ces applaudissements, ces chœurs de musiciens et de danseurs ; ces banquets, ces réunions joyeuses ; ces tapis somptueux, ces couronnes, ce bruit flatteur de toute la ville ; ces acclamations de l'hippodrome, ces adulations des théâtres ? Tout cela a disparu ; un coup de vent a fait tomber les feuilles, et nous a montré l'arbre dépouillé, chancelant sur ses racines ébranlées ; car le vent, dans sa violence, s'est fait sentir au cœur même de l'arbre, et a menacé de l'arracher de la terre. Où sont maintenant ces amis au faux visage ; cet essaim de parasites ; ces vins qui versaient l'ivresse tout le long du jour ; cette table dressée à grands frais ; ces courtisans du pouvoir, dont toutes les paroles, toutes les actions mendiaient une faveur ? Tout cela c'était la nuit, c'était un rêve. Le jour a paru, et le rêve s'est effacé. C'était une fleur, et elle est passée avec le printemps ; une ombre, et elle s'est enfuie ; une fumée, et elle s'est dissipée ; des bulles légères, et elles ont crevé. C'est pourquoi ne nous laissons pas redire, comme un refrain, cette parole de l'Esprit : « Vanité des vanités, et tout est vanité. » Écrivons-la sur nos murailles, sur nos vêtements, dans l'agora, dans nos vestibules, et avant tout dans notre cœur, afin de la méditer sans cesse. Oui, puisque les fausses apparences, les masques et le mensonge de la scène sont des réalités aux yeux de plusieurs, répétons chaque jour, le matin, le soir, à table, dans nos réunions, et redisons-nous les uns aux autres cette parole : « Vanité des vanités, et tout est vanité. »

Le plus excellent remède que la raison et la religion nous offre contre la fierté méprisante que l'orgueil nous inspire, c'est de moins penser à nos bonnes qualités qu'à nos défauts, et plus à ce qui nous manque qu'à ce que nous possédons. Souvent nous n'estimons si peu les autres que parce que nous nous estimons trop. Au lieu de ramener notre attention sur ce que nous valons, portons-la sur les bonnes qualités des autres. Pourrions-nous encore nous prévaloir de quelque chose, si nous voulions faire réflexion que mille personnes valent mieux que nous ?

Si ce sont des qualités naturelles qui vous inspirent tant de complaisance pour vous-même, et tant de mépris pour les autres, songez que ces avantages ne sont pas le prix de votre vertu ni l'ouvrage de vos mains ; que cette beauté dans la composition de laquelle vous n'êtes entré pour rien dépend d'une maladie, d'un accident qu'il ne nous est pas donné de prévoir ni d'éloigner. Seraient-ce vos talents ? mais, que savez-vous réellement ? Si troubles et si confuses sont vos prétendues connaissances, qu'elles ne servent qu'à vous jeter dans l'erreur. Le nombre de vos connaissances est bien petit en comparaison de la masse infinie de ce qu'il vous reste à savoir; encore ces connaissances sont-elles comme ensevelies dans un amas plus grand d'erreurs. Et cependant vous vous enflez de l'acquisition de ce ténébreux butin, comme s'il importait plus de savoir beaucoup que de bien savoir.

Ceux mêmes qui savent le mieux ne sont-ils pas les

premiers à reconnaître combien les connaissances de l'homme sont bornées ? N'avouent-ils pas qu'ils se trouvent en bien des matières environnés d'abîmes impénétrables, de ténèbres, d'incertitudes ; qu'ils ne sauraient faire un pas sans trouver des difficultés ? Au lieu d'apprendre ce qu'on ignorait, on ne parvient quelquefois, à force d'étude, qu'à désapprendre ce qu'on croyait savoir. Aussi n'y en a-t-il pas de plus humbles que ceux qui savent le plus. Les ignorants sont vains et hardis, parce qu'ils ne connaissent point leur ignorance : le savant ne peut se dissimuler la sienne, et c'est pour cela qu'il en est plus modeste. On disait un jour au savant Vossius, dont la vaste érudition brille dans tous ses ouvrages, qu'on ne pensait pas qu'il y eût rien dans les lettres et dans les sciences qu'il ignorât. « Vous vous trompez fort, répondit-il ; je ne sais pas le quart des choses que bien des jeunes gens croient savoir. »

―――

C'est un grand ridicule de se louer soi-même. L'homme sage et judicieux ne donnera point dans cette fatuité. Celui qui a du mérite n'en parle pas : il laisse aux autres le soin de le publier. « Qu'un autre vous loue, dit Salomon, non votre bouche ; que ce soit un étranger, et non vos propres lèvres. »

Celui qui pense qu'il est sage ne le sera pas longtemps : s'il le dit, il ne l'est déjà plus ; peut-être même ne l'a-t-il jamais été. On perd toujours à se louer, et l'on persuade ordinairement le contraire de ce qu'on se propose. Les personnes qui se vantent cherchent, si l'on peut s'exprimer ainsi, à semer l'estime, et ne recueillent que le mépris. Un jeune homme se vantait d'avoir en peu de temps appris beaucoup de choses, et d'avoir dépensé mille écus pour payer ses maîtres. Quelqu'un de ceux qui étaient présents lui répondit : « Si vous trouvez cent écus de tout ce que vous avez appris, je vous conseille de les prendre sans hésiter. »

Pour être applaudi de ce qu'on fait, il ne faut pas trop s'en applaudir soi-même. Le vrai moyen de n'avoir l'approbation de personne, c'est de la mendier par nos paroles ou par nos regards. La vanité rend toujours odieux; et comme elle n'est pas jointe au mérite, elle ne rend que plus ridicule.

Evitez donc avec soin de parler de vous-même; et si la politesse des autres vous force de répéter quelque événement dont le détail vous fait honneur, soyez bien court, et parlez-en avec une réserve extrême.

―――

Ce n'est pas seulement la religion qui nous défend de nous attribuer la gloire de nos heureux succès, d'en être vains et orgueilleux : la raison nous tient le même langage. Elle nous dit qu'il y a des héros de fortune encore plus que de mérite; qu'il y a peu de grands événements qui soient dus à la prudence ou à l'habileté des hommes, et que c'est presque toujours le concours des circonstances qui fait le succès ou le défaut de réussite des grandes actions.

L'homme modeste, au milieu des plus grands applaudissements, se dit à lui-même ce qu'un héraut répétait de temps en temps au vainqueur romain, dans la marche de son triomphe : « Souvenez-vous que vous êtes homme. » Comme s'il eût dit : Souvenez-vous que cette gloire qui vous environne et qui brille à vos yeux avec tant d'éclat s'évanouira comme un songe. Ces titres magnifiques dont on vous honore sont vains : avec eux vous passerez, et vous disparaîtrez comme eux. Ces statues qu'on élève à votre mémoire seront de peu de durée, et vous durerez encore moins. Peut-être le peuple inconstant, qui vous prodigue aujourd'hui ses acclamations et son encens renversera-t-il demain son idole, et la foulera-t-il à ses pieds. Mais, dussiez-vous être plus heureux que tant d'autres, et jouir d'une prospérité plus constante, souvenez-vous que la mort triomphera de vous plus fièrement que vous ne triomphez de vos ennemis : elle ensevelira dans le même tombeau et votre puissance et vos grandeurs.

Quand la fortune serait aussi constante et aussi assurée qu'elle l'est peu, on devrait encore, même pour ses propres intérêts, être humble et modeste. La gloire est la compagne de la modestie, et l'humiliation l'est de l'orgueil.

La modestie donne un nouvel éclat à la grandeur. On s'empresse de lui rendre ce qu'elle veut s'ôter à elle-même. Elle force les autres hommes à voir, sans jalousie, sa gloire et ses avantages. La hauteur et la fierté ne font, au contraire, qu'augmenter le nombre des ennemis et des jaloux, qui triomphent avec un mépris insultant quand ce colosse de grandeur vient à tomber, ainsi qu'il advient fréquemment.

C'est ce qui a fait dire à un ancien que ceux-là nous donnent un bon conseil qui nous avertissent que plus nous sommes élevés au-dessus des autres, plus nous devons être humbles et modestes.

Mais qu'il est difficile d'être humble au sein de la fortune et des grandeurs ! Il est si naturel à l'homme d'avoir de l'orgueil et de s'enfler de ses succès, que cela arrive à ceux mêmes qui sont le plus convaincus des avantages de la modestie. L'esprit a beau leur conseiller de faire du moins semblant, pour leur gloire, de se tenir dans une même égalité d'âme, le sentiment du cœur l'emporte sur les lumières de l'esprit ; la gloire éblouit, les heureux succès aveuglent, l'élévation fait oublier ce qu'on était naguère : la tête tourne sur les hauteurs.

Aussi l'Esprit saint dit-il : Malheur à vous qui cherchez à dominer sur vos frères... Plus je vous élèverai, plus il faudra vous abaisser devant moi !

VII. — Le véritable Honneur.

Ce que nous entendons par le mot d'*honneur* n'est pas, comme quelques-uns le pensent, une vertu politique, un simple préjugé : c'est une vertu réelle et morale dictée par la vertu même, dont la fonction, pour ainsi dire, est de veiller sur toutes les autres, et de les conserver dans toute leur pureté. L'honneur, comme ce suc précieux exprimé des fleurs, se forme de ce qu'il rencontre de plus exquis dans chaque vertu ; et telle est sa délicatesse que la plus légère tache le ternit. Il est à l'âme ce que la vie est au corps ; il vivifie toutes nos actions, dirige tous nos sentiments, ennoblit la vertu même, flétrit le vice, donne de l'éclat à la prospérité, console dans les revers, et soutient l'indigence malheureuse.

L'honneur est comme une seconde Providence pour l'état. Il commande la sainteté aux pontifes, la valeur aux guerriers, la justice aux magistrats, l'émulation aux talents utiles, la pudeur au sexe. Il prescrit la bonne foi dans le commerce, et couvre de honte le plus faible soupçon dans le maniement des deniers publics. Il invite le soldat au combat, et paie le prix de son sang avec de la gloire. Il s'agissait, au siége d'une ville, de reconnaître un point d'attaque. Le péril était presque inévitable. Cent louis étaient assurés à celui qui pourrait en revenir. Plusieurs braves y étaient déjà restés. Un jeune homme se présente ; on le voit partir à regret ; il reste longtemps : on le croit tué ; mais il revient, et fait également admirer l'exactitude et le sang-froid de son récit. Les cent louis lui sont offerts. « Vous vous moquez de moi, mon général, répondit-il ; va-t-on là pour de l'argent? » L'éloge et la gloire sont la seule récompense digne de la valeur. Ce n'est pas avec de l'or qu'il faut payer ce que l'honneur seul peut et doit acquitter. Un laurier récompense un héros.

Plus ce sentiment est beau, plus on doit craindre de le corrompre, de le rendre vicieux et condamnable, en se proposant d'autre fin que l'estime des hommes et la gloire mondaine. Ce fantôme brillant fut l'objet des vœux et des poursuites des plus illustres païens, parce que leur religion toute humaine n'offrait point de motifs plus dignes d'une grande âme. C'est encore après lui seul que courent et que nous engagent à courir les philosophes incrédules, parce qu'ils renferment bassement toutes leurs espérances dans les bornes étroites de la vie présente. Mais le philosophe chrétien, dont les vues sont bien plus grandes et plus élevées, ne se permet d'aimer et de rechercher l'estime des hommes qu'autant qu'elle lui est utile ou nécessaire, pour mieux remplir les devoirs de l'état où la Providence l'a placé.

L'honneur, l'estime des hommes, étant un bien réel, comme les richesses et la santé, et même un avantage plus précieux encore, on peut donc les désirer également et les rechercher. L'Esprit saint lui-même nous le recommande : « Ayez soin d'avoir une bonne réputation ; ce sera pour vous un bien plus durable que mille grands trésors. » C'est avec la vertu le seul bien qui nous reste après la vie. Toutefois vous aurez ce soin de votre réputation que Dieu demande, si vous vous appliquez à édifier tous les hommes par la sagesse de votre conduite, et à ne rien faire qui puisse vraiment vous rendre vil et méprisable.

Celui qui, par une impudence effrontée ou par bassesse de sentiments, ne fait nul cas de l'estime des autres, n'est lui-même guère estimable.

Tous les rangs, tous les états sont soumis à l'honneur; il étend son empire sur les grands et sur les princes mêmes; il commande à ceux auxquels les autres obéissent; et plus ils semblent être au-dessus des lois, plus ils se font gloire de respecter celles de l'honneur, et d'être, si l'on peut s'exprimer ainsi, ses premiers sujets.

———

Le vrai honneur ne peut se trouver que dans des choses honnêtes et louables. Quoi qu'en pense le monde, il ne saurait y avoir de vraie gloire et de véritable honneur dans ce qui viole les droits les plus sacrés de Dieu et du prince, dans ce qui est contraire au bien de la société, aux lois de l'humanité, au bonheur présent et au salut éternel des particuliers. Que n'aurions-nous pas à dire sur ce dernier point? Si l'on a quelques idées de religion, s'il en reste quelques sentiments, ne faut-il pas qu'un duelliste les étouffe pour aller se battre avec quelque assurance? Ne faut-il pas qu'il s'aveugle sur les vérités les plus certaines, qu'il renonce à son salut, à ses plus chers intérêts, quand, pour le fatal plaisir de se venger d'un ennemi, qui souvent ne lui a causé aucun mal réel, ou lui a fait une insulte qui ne saurait que rejaillir sur sa propre tête, il s'expose à toute la rigueur des vengeances éternelles? En vain en appellera-t-il aux maximes du monde : le monde n'est pas son juge. Celui qui tient en ses mains les destinées de tous les hommes, et qui doit décider de leur sort irrévocable, défend d'attenter à la vie d'un autre homme, sous peine de se rendre digne de toute sa colère. Eh ! qu'il est horrible de tomber entre les mains d'un Dieu irrité !

Vous voulez vous venger? Mais que vous achèterez cher le plaisir de la vengeance ! Si vous périssez dans le combat, l'enfer devient votre partage. Il n'y a qu'un pas entre la mort et vous. D'un seul coup peut-être votre corps va être précipité dans le tombeau, et votre âme dans les feux éternels. Que vous servira alors l'honneur que vous avez voulu conserver?

Si vous êtes victorieux, quels remords n'éprouverez-vous point tout le reste de votre vie ! pourrez-vous faire un pas sans que l'image de l'ennemi que vous aurez immolé à votre vengeance se présente à vous, et vous reproche votre crime? Pourrez-vous goûter un moment de repos? La terre que vous avez arrosée du sang de votre frère criera vengeance contre vous. Son âme, que vous avez précipitée dans l'enfer, cette âme rachetée au prix du sang d'un Dieu, demandera justice de votre barbare fureur. Comment pourrez-vous, à la mort, soutenir la juste crainte des jugements de Dieu ? Si votre vie, si votre tranquillité, si votre bonheur éternel vous sont chers, foulez aux pieds les fausses idées du monde sur le point d'honneur. Ayez le courage de vous élever au-dessus des préjugés.

Le cas d'une juste et inévitable défense est le seul où il vous soit permis de repousser la force.

Ne rougissez point de reconnaître que vous avez tort, de faire une honnête satisfaction à celui que vous pourriez avoir offensé, et de réparer votre faute par une excuse, par une parole obligeante, par une politesse. Loin de vous mépriser, on vous estimera ; vous aurez du moins l'approbation de tous les honnêtes gens ; c'est la seule dont vous deviez faire cas. Après tout, et quoi qu'il arrive, il vaut mieux aller au ciel avec le mépris du monde qu'en enfer avec ses éloges. « Que sert à l'homme de gagner le monde entier, s'il vient à perdre son âme ? » Le salut est le vrai bonheur d'un chrétien ; il n'y en a pas d'autre. Raison décisive et sans réplique, contre laquelle il n'y a que des insensés ou des furieux qui osent essayer d'argumenter.

Il en est qui placent l'honneur dans la fréquentation assidue des fêtes et des joies. Qu'ils sont glorieux s'il n'est pas autour d'eux une réjouissance à laquelle ils ne soient conviés ! Les insensés se pavanent au milieu de ces folies dont le résultat est le regret et l'ennui. Ce tumulte, cette agitation, prennent fin, et les voilà retombant douloureusement sur eux-mêmes, pensant aux heures et aux sommes considérables qu'ils ont si misérablement perdues.

Ainsi, jeune homme, avez-vous jamais assisté au retour du joueur au milieu de sa famille? Il a, pendant une longue nuit, exposé sur une carte, non-seulement le bien-être, mais encore quelquefois le pain de ses enfants ; et la chance lui étant restée constamment défavorable, il se retire, le cœur bourrelé, le front soucieux, la lèvre frémissante de colère contre tous, et surtout contre lui-même. Ses enfants, son épouse, tremblent à son approche. C'est sur ces innocentes victimes qu'éclatera son indignation.

Ah ! n'avez-vous pas dit avec moi, en présence de ce spectacle : Triste passion du jeu ! elle porte la désolation dans toute une famille, mais jamais l'honneur et la considération !

Chéris la vertu, mon fils : c'est là qu'est notre richesse, notre propriété : la richesse vulgaire se joue de l'avarice, cette fièvre de l'âme, et lui donne le change : elle va souriant de l'un à l'autre : vous la tenez, elle s'échappe; elle revient, tantôt à vous, tantôt à un autre ; au fond, jamais à personne. La richesse est instable de sa nature ; c'est la vague inquiète qui s'enfle, retombe et s'efface.

Mais toi, ô mon fils, dans la vertu place toujours ta richesse : tu auras un trésor à l'abri du voleur, loin des regards du sycophante, des mains du tyran, des armes du barbare, du feu qui dévore et du flot qui engloutit, car il reposera en sûreté dans ton cœur.

A ce vrai trésor qui est bien à toi et sous ta garde ajoute le vif éclat de la science. Poëtes, historiens, orateurs au beau langage, philosophes aux pensées subtiles, étudiez tout, mais avec un goût éclairé, recueillant ce qui est bon, rejetant ce qui ne l'est pas, à l'exemple de la sage abeille qui visite toutes les fleurs, et de chacune sait extraire les sucs les plus doux, instruite qu'elle est à l'école seule de la nature.

Disciple de la raison, cueille avidement ce qui est bon; et là où tu aurais pressenti le danger, fuis au plus vite sur les ailes de la pensée rapide. Si tes auteurs chantent la vertu, écoute-les; s'ils blâment le vice, écoute-les encore.

Mais si, dans leurs rêves impies, ils inventent des fables déshonnêtes, inspirées par les démons, fables qui excitent à la fois le rire et les pleurs, évite le piége, méprise le romancier, apprécie l'écrivain : sous tes pieds brise l'idole et admire son temple : du milieu des épines détache la rose.

Le jeune chrétien que la foi a sevré de bonne heure de tout plaisir des sens, et dont elle a trempé l'âme de généreuses maximes; le jeune chrétien sans cesse appelé par une voix intérieure vers le ciel où il doit habiter un jour, plus beau, plus brillant que les théâtres les plus brillants de la terre, passera au milieu des villes voluptueuses sans rien perdre de la candeur de ses habitudes, semblable à ce fleuve fabuleux qui s'ouvrait une route à travers l'Océan, sans mêler aux flots amers ses ondes toujours pures.

De l'éducation provient le véritable honneur. L'instruction est d'un grand prix sans doute, mais il faut que l'éducation l'accompagne. L'instruction et l'éducation ne sauraient être confondues l'une avec l'autre. L'instruction, qui s'adresse surtout à l'intelligence, s'exerce sur les idées qu'elle agrandit, qu'elle élève vers le beau, qu'elle dirige vers le vrai, qu'elle applique à tout ce qu'elles peuvent saisir, embrasser. L'éducation, qui s'occupe de la volonté, étudie les émotions, les épure, les règle et les renferme, non dans les formes étroites d'une politesse égoïste, mais dans le cercle plus large d'un généreux patriotisme, éclairé par l'Évangile. L'instruction encourage le jeune homme par cette brillante perspective : avec moi, tu occuperas un rang dans la cité, une place dans le palais du prince. L'éducation promet plus encore, car elle ajoute : avec moi, tu te sentiras la force d'accomplir, dans toute leur étendue, tes devoirs d'homme et de citoyen. L'instruction, c'est le rayon de feu qui couronne la statue d'argile sortie des mains de Prométhée. L'éducation, c'est le nœud invisible qui unit cette créature nouvelle à celle de son espèce, et la fait entrer, sans le moindre choc, dans l'ensemble harmonieux de la civilisation.

VIII. — La Patience dans les peines.

Les sujets de chagrin sont si fréquents dans le cours de la vie, qu'on ne peut guère se flatter de les éviter tous : il n'est permis qu'à un insensé de croire qu'il n'en aura jamais. Quand on est jeune encore et sans expérience, on ne marche que sur des fleurs : tout rit, tout est beau ; on se persuade que ce bonheur durera toujours. Mais une si douce erreur ne séduit pas longtemps. Bientôt on se trouve en butte à la dureté, à la trahison, aux faux jugements, à l'iniquité ou à la bizarrerie des hommes, et à tous les événements fâcheux dont notre triste vie a tant de peine à se défendre.

Il est donc à propos de s'y préparer de bonne heure. Amassez, dès la jeunesse, assez de bon esprit, assez de vertu, pour pouvoir un jour vous familiariser avec la patience. Le temps viendra où vous en aurez besoin. Si jamais l'injustice renverse vos projets, empoisonne votre conduite, vous préfère d'indignes concurrents ; si elle vous enlève une partie de vos biens ; si elle attente à votre réputation, à votre honneur, vous vous saurez bon gré d'avoir médité par avance sur l'injustice des hommes. Les coups prévus blessent moins. Si nous avons appris à ne compter sur rien ; si nous savons nous attendre à tout événement ;

si nous nous préparons par avance à ce qu'on appelle les jeux ordinaires de la fortune et aux amertumes de la vie, nous ne serons pas abattus au moindre souffle de l'adversité : dans les plus grands malheurs même nous ne nous croirons pas si malheureux, et dès là nous le serons moins.

Dans toutes les circonstances de la vie qui peuvent être fâcheuses, consolez-vous donc par avance du mauvais succès, en vous y attendant. C'est le moyen de sentir de la joie si les choses réussissent, et peu de peine si elles tournent mal.

Ainsi préparé au combat, il est temps de vous faire entrer en lice, et de vous mettre, pour ainsi dire, aux prises avec la fortune et avec l'injustice des hommes. Voyons donc les différentes sortes de chagrins qui peuvent vous assaillir, et les armes que la raison, de concert avec la religion, vous fournit pour en triompher.

La calomnie vous attaque-t-elle dans ce que vous avez de plus cher, en répandant son venin sur votre réputation, et en s'efforçant d'en ternir l'éclat? Recourez à la résignation ; armez-vous d'une patience courageuse. C'est le remède le plus sûr contre la calomnie. Le temps, tôt ou tard, découvrira la vérité. En attendant ce moment marqué par la Providence, quand le monde entier serait déchaîné contre vous, n'avez-vous pas une ressource bien consolante dans le témoignage de votre conscience? Je vous prie, du reste, ici, de considérer comment fut calomnié le Fils même de Dieu, le saint des saints, celui qui passa parmi nous en ne semant que des bienfaits.

La perte des biens est, après celle de la réputation, une des plus rudes épreuves. Peu de personnes savent recevoir des coups de cette nature sans murmurer contre la Providence, sans se livrer au chagrin, et quelquefois au désespoir. Ceux à qui ce malheur arrive sont comme inconsolables. Leur perte est sans cesse devant leurs yeux, ne considérant point que des biens si fragiles ne devraient pas leur être si chers, ni les attacher si fort.

Qu'ils n'oublient donc pas avec quelle héroïque résignation le saint homme Job apprit la perte de tous ses biens. Tandis que le bras de Dieu s'appesantissait sur lui, il bénissait la main qui le frappait. Plein de reconnaissance pour les biens qu'il avait reçus, il les rendit sans murmure au maître souverain qui les lui redemandait. On put lui enlever ses trésors ; mais il en était un plus cher que les autres qu'on ne lui enleva point, le respect et la soumission qu'il devait à son Dieu. Rappelez-vous encore le dénûment de celui qui n'avait pas une pierre pour reposer sa tête, qui pour un lit de mort eut une infâme croix !

Si la perte qui fait le sujet de votre chagrin vient de quelque accident que votre prudence n'a pu ni prévenir ni parer, supportez-la avec résignation. Le chagrin ne remédie à rien, et fait souvent beaucoup de mal : il dessèche, il mine, il consume, il dérange la tête, et précipite au tombeau. Le bonheur parfait est-il donc fait pour des êtres imparfaits ? Pouvons-nous espérer en cette vie une félicité fixe et complète ?

———

« O riche ! ô heureux de la terre, disait un Père de l'Eglise, lorsque tu vois l'herbe des champs et sa fleur, songe à la nature humaine, et souviens-toi de cette image du sage Isaïe : « Toute chair est comme l'herbe, et toute la gloire de l'homme est comme la fleur de l'herbe. » Cette image du prophète peint la brièveté de la vie et la courte durée de nos joies. Tel qui est aujourd'hui frais et brillant de santé, engraissé dans les délices, dont le front riant offre la jeunesse dans sa fleur, et qui marche plein de vigueur et de sève, demain, flétri par le temps, ou accablé par la maladie, ne sera plus qu'un objet de pitié. Cet autre fixe sur lui tous les regards ; un peuple de flatteurs l'environne ; un cortége de faux amis se presse autour de lui ; un héraut le précède et l'annonce d'une voix retentissante ; des licteurs armés de faisceaux impriment la crainte au peuple ; il prononce les confiscations, les emprisonnements, les supplices ; partout la terreur l'accompagne. Quelle est la fin de tout cela ? Une seule nuit, une seule fièvre, une seule maladie enlève cet homme du milieu des hommes, le dépouille de tout cet appareil de théâtre, et toute sa gloire semble n'avoir été qu'un vain songe. C'est donc avec raison que le prophète compare la gloire humaine à la fleur la plus fragile.

———

Si la mort vous enlève quelqu'un de vos proches, pénétrez-vous des sentiments qui animaient Basile lorsqu'il consolait un pauvre père de la mort de son fils.

« Nous avons gémi sur son départ précipité de ce monde, surtout par un sentiment de compassion pour vous, lorsque nous avons songé quel doit être le poids de votre affliction ; car nous, dont la paternité ne vient qu'après la vôtre, nous en avons l'âme tout abattue. Non, ce n'est pas lui qu'il faut pleurer et plaindre ; ah ! plaignons ceux qui ont vu tant d'espérances s'évanouir ; réservons pour eux et nos soupirs et nos larmes : ils avaient envoyé leur fils, à la fleur de l'âge, aux écoles où l'on s'exerce à l'art de la parole, et voilà qu'on le rapporte privé de la parole, privé de la vie !

» Émus de ces pensées dont l'homme ne peut se défendre, nous avons donné un libre cours à des pleurs et à des gémissements que n'avouait pas la raison, mais qu'elle ne pouvait réprimer, accablée qu'elle était par la douleur qui venait de fondre sur elle comme un nuage. Revenus à nous-mêmes, après avoir arrêté l'œil de notre esprit sur les choses d'ici-bas, nous nous sommes justifiés devant Dieu de nous être laissés surprendre par la vivacité du sentiment, et nous sommes encouragés à supporter avec calme les maux qu'un ancien décret de la justice divine a rendus inséparables de la vie humaine.

» Il nous quitte, cet enfant, si jeune encore et si plein de santé, si chéri de ses maîtres, d'un abord si prévenant que les caractères les plus durs étaient gagnés par ses manières ; d'un naturel si doux, d'un esprit si vif pour les sciences, d'une sagesse si précoce, auquel en un mot on ne saurait donner trop d'éloges, mais qui, après tout, était homme et fils de l'homme. Que doit dire le père d'un tel enfant? Que son père est mort aussi ; qu'issu d'un père mortel, il ne pouvait se flatter d'engendrer un fils qui ne fût pas mortel.

» Mais il est mort avant l'heure, avant d'avoir été rassasié de la vie, avant l'âge où, connu des hommes, il eût pu laisser un héritier de son nom. Tout cela, loin d'accroître nos regrets, doit, à mon avis, les adoucir, et nous porter à remercier la divine Providence. Un long séjour sur la terre n'est qu'une longue épreuve. Il n'a point fait le mal ; il n'a pas dressé de piéges à son prochain ; il n'est pas tombé dans ceux de la fraude, mère des procès ; il ne s'est point trouvé mêlé malgré lui avec les méchants ; le mensonge, l'ingratitude, l'amour de l'or ou des voluptés, et les autres passions qui ont coutume de germer dans les âmes faibles, n'ont point flétri son cœur ; il est sorti pur de cette vie, pour aller jouir d'une meilleure destinée. Non, la terre ne couvre point notre bien-aimé ; le ciel l'a reçu dans son sein. Dieu, qui a compté les moments de notre existence ; Dieu, qui s'occupe de notre bonheur, l'avait introduit dans le monde : il l'en a aussi retiré. Une grande leçon dans le malheur, c'est la parole immortelle de Job, cet homme magnanime : « Le Seigneur me l'a donné, le

Seigneur me l'a ôté ; ce que le Seigneur a voulu a été fait : que le nom du Seigneur soit béni dans tous les siècles. »

Ecoutez encore saint Chrysostôme, disant du fond de son exil à un père : « Ne t'afflige pas trop du départ de ta bienheureuse fille. Elle vient d'être jetée doucement dans le port, et elle s'est avancée vers une vie qui n'aura point de fin. Enlevée aux périls d'une course plus longue, elle a déposé les bonnes œuvres dont elle s'était enrichie dans un trésor à l'abri des voleurs. Livre-toi donc à la joie, puisque, formée par tes soins, elle a été de bonne heure mûre pour le ciel. Que cette réflexion soit un terme à tes regrets et à ceux de sa mère ; et si, après l'avoir nourrie dans la vertu, vous vous montrez l'un et l'autre reconnaissants envers la mort qui l'a séparée de vous pour assurer sa félicité, Dieu, ami des hommes, vous récompensera deux fois. »

Il ne pouvait leur dire, dans un plus suave langage, que regretter leur fille avec trop de vivacité c'était s'affliger de son bonheur ; c'était en quelque sorte l'envier à Dieu lui-même, et vouloir retirer de ses mains une offrande qu'il avait eue pour agréable. Ainsi une belle fleur doit réjouir l'œil de celui qui l'a cultivée, s'il la voit parer l'autel un jour de fête : au lieu de s'être flétrie, avant le soir, sur sa tige, elle s'exhale avec l'encens du sacrifice, et il la respire dans les parfums dont le temple est inondé. Pour que nos affections les plus légitimes ne se changent pas en amertume, il faut qu'elles aient appris à monter vers les cieux comme des prières, et à s'y abriter d'avance contre les accidents de la vie.

Le sage ne se livre pas sans mesure au chagrin qui le tue. La tristesse et la douleur approchent bien de lui, mais il en écarte les faiblesses et les excès. Les orages ne montent pas à la région où il s'est élevé par la force de son esprit et de son cœur : les bruits retentissent jusque-là, mais la paix ne le quitte point; et tandis que la tranquillité règne dans son âme, il lui importe peu que sa fortune soit troublée, ou que les malheurs viennent fondre sur lui. Au milieu des pertes et des ruines, il ne perd rien de sa sagesse. Il ne s'étonne de rien, parce qu'il est depuis longtemps préparé à tout. Il se soutient par la patience et par le courage, persuadé qu'il est plus glorieux de souffrir de grandes peines que de faire de grandes choses.

Tel est l'ascendant de la vraie vertu : jamais plus grande que quand elle est malheureuse, elle force ses ennemis mêmes à être les admirateurs de sa constance.

Voulez-vous connaître le caractère d'un homme ? Attendez qu'il lui arrive quelque disgrâce ; vous verrez bientôt toute sa grandeur ou toute sa faiblesse. On ne jugeait autrefois de la valeur des athlètes que lorsque, meurtris de coups, couverts de blessures, et cent fois terrassés sans être vaincus, ils s'étaient relevés avec un nouveau courage, et avaient triomphé de leurs antagonistes. De même on ne connaît parfaitement la grandeur d'âme que dans les malheurs. Les païens le disaient en vers et en prose ; l'Ecriture sainte le dit encore plus hautement.

———

De tous les chagrins auxquels nous sommes en butte, il n'en est point de plus amers que ceux qui nous viennent des personnes de qui nous devions le moins les attendre. Plus la main qui nous frappe est chère, plus le coup est sensible ; et tel est le malheur de la condition humaine, que ce qui devait nous procurer les plus grandes douceurs de la vie est souvent la source de nos chagrins les plus cuisants. La femme la plus vertueuse ne trouve pas toujours un mari raisonnable ; l'époux complaisant et attentif n'est pas toujours le plus aimé ; le père le plus tendre travaille souvent pour de mauvais sujets, et l'ami le plus fidèle trouve quelquefois qu'il ne s'est attaché qu'à un perfide ou à un ingrat. Eh bien ! dans tous ces cas, si vous avez vraiment de la vertu et un bon esprit, opposez l'égalité d'humeur à la bizarrerie, la douceur à la brutalité, de grands sentiments aux indignes procédés. Songez qu'il vaut mieux souffrir le mal que de le commettre. Si vous ne souffrez que par le tort des autres, vous n'êtes pas le plus à plaindre ; si vous y avez donné sujet, le châtiment vous était nécessaire pour vous faire sentir votre faute, et vous rendre plus attentif.

Consolez-vous par toutes ces réflexions ; mais surtout ne soyez pas ingénieux à vous grossir vos maux. Le plus malheureux de tous les hommes est celui qui croit l'être. Ne vous faites point des peines d'imagination. On voit des gens toujours chagrins, qui n'en ont pas le moindre sujet. Ils auraient au contraire toutes les raisons du monde de se croire heureux; santé, fortune, honneurs, tout semble se réunir pour contribuer à leur félicité. Cependant, à les entendre, on dirait que tout leur manque. Ce ne sont que murmures, que réflexions inquiètes, que frayeurs extravagantes. Ils ne savent pas jouir de leur bonheur. Une prudence meurtrière empoisonne toute leur vie; et la crainte de malheurs qui vraisemblablement ne leur arriveront jamais est pour eux un malheur réel. O infortunés qui se disent chrétiens, sans penser que ce mot signifie enfant du Calvaire!

———

Oh! oui, à la religion seule il est donné de nous faire connaître tout le prix des adversités et des souffrances. En nous apprenant qu'elles sont pour nous entre les mains de Dieu une source de biens et d'avantages inestimables, elle nous apprend non-seulement à les supporter avec patience, avec résignation, mais à les estimer, à les aimer, et, par un héroïsme chrétien dont elle a dans ses saints plusieurs fois donné des exemples, à les désirer même, parce qu'elles sont de véritables présents du ciel. Les malheureux, les affligés, ont de la peine à se le persuader; mais qu'ils méditent avec attention les grands et inappréciables avantages que la foi leur découvre dans les souffrances, et ils conviendront avec nous de la vérité de ces paroles : Dieu châtie ceux qu'il aime ! Heureux ceux qui souffrent ! heureux ceux qui pleurent ! le royaume des cieux sera leur partage.

Le premier de ces avantages est de porter au bien. L'homme toujours heureux ne prend guère le goût de la vertu. Séduit par une abondance universelle, par une réputation florissante, par une santé parfaite, par une constante prospérité, il balance toujours dans la voie du bien, et souvent même il se porte au mal. Qui ignore que c'est dans la prospérité que les vices trouvent l'occasion qui les fait naître, les moyens qui les facilitent, et l'aliment qui les entretient ? Ces hommes fortunés chez qui brillent la grandeur et l'opulence, à qui tout rit, tout prospère, ne sont-ils pas communément les plus pervertis, les plus déréglés dans leurs mœurs ? Tant que Dieu ne fait que des heureux, il ne fait guère que des ingrats ; et ceux à qui il donne le plus, sont pour l'ordinaire ceux qui pensent le moins à lui. Mais ménage-t-il quelque malheur, quelque disgrâce, on tourne ses regards et ses pensées vers le ciel, on revient à ses devoirs, et l'on rentre dans le sentier de la vertu qu'on avait quitté.

L'adversité est un des sûrs moyens que Dieu emploie pour nous rappeler de nos égarements. Parlez à la plupart des hommes de renoncer à des passions qu'ils chérissent, ils vous regarderont comme un censeur importun. Les remontrances les plus touchantes, les menaces les plus terribles des jugements de Dieu ne feront qu'une faible impression. Mais vient-on à être atteint des traits de l'adversité, le charme disparaît, et l'on voit les objets à un tout autre œil. Consumé par une fièvre lente, déchu du rang où l'on était monté, trahi par d'infidèles amis, dépouillé de ses biens, on reconnaît que ce corps paré avec tant de luxe et nourri avec tant de délicatesse, ce teint si brillant dont on avait été si idolâtre, n'étaient qu'une fleur passagère ; que ces grandeurs humaines dont on avait été si épris n'étaient que néant, et que tout ce qui avait le plus flatté nos espérances n'était que mensonge et vanité. L'adversité nous détrompe et nous instruit. Eclairés du flambeau de la religion, nous découvrons dans les afflictions qui nous arrivent la peine du péché, l'exécution des arrêts d'une justice infiniment sage, de salutaires amertumes répandues sur les objets de nos affections, pour en détacher notre cœur, et l'attirer vers des biens plus solides. L'enfant prodigue ne serait peut-être jamais revenu vers son père sans l'affreuse détresse dans laquelle il se précipita.

Enfin, combien n'en voit-on pas qui souffrent, et qui en même temps s'abandonnent aux mouvements de la vengeance, dans le désir de perdre celui qu'ils croient la cause de leur malheur ; aux transports de la fureur, pour exhaler l'humeur chagrine et dévorante dont ils sont la proie ; quelquefois aux excès du blasphème et du désespoir, parce que leurs maux, loin de finir, croissent et redoublent !

O mon frère ! ô mon ami ! car plus vous êtes malheureux, plus vous m'êtes cher, et plus je m'intéresse à vos maux : dites-moi, que gagnerez-vous à vous impatienter, à vous révolter contre Dieu ? Rétablissez-vous par là votre santé, votre fortune, votre crédit, votre honneur ? Par vos emportements furieux remédiez-vous à quelque chose? Non. Tout ce que vous gagnez, au contraire, c'est d'enfoncer plus avant le trait qui vous déchire ; c'est de changer en poison le remède salutaire que la Providence vous offrait ; c'est de vous causer dès à présent un enfer, en attendant cet enfer encore plus affreux où vous vous précipitez.

Plus je pense à votre sort, plus il m'attendrit et me pénètre. Car enfin, qu'un coupable fortuné, qu'un homme de plaisir et de bonne chère se perde, sa perte m'est sensible, et je le plains ; mais du moins il a goûté quelques douceurs, douceurs fausses et trompeuses, douceurs passagères et fugitives, je le sais ; douceurs cependant qui l'ont amusé, et qui lui ont fait couler quelques jours dans une agréable ivresse. Mais vous, après une vie traversée par les funestes accidents, déchirée par les peines, et passée dans les pleurs, si vous venez à vous perdre ; si vos maux deviennent par votre faute une anticipation des flammes éternelles ; si du prix dont vous pouviez acheter le ciel vous vous creusez un affreux abîme, est-il un sort plus déplorable que le vôtre, et ne peut-on pas vous nommer tout à la fois le plus insensé et le plus infortuné des hommes?

En souffrant comme un désespéré et malgré vous, ne vous faites-vous pas mille fois plus de mal que la malignité des hommes ou toute la vivacité de la douleur ne peut vous en faire? Quelle tranquillité, quel repos pouvez-vous avoir parmi les agitations, les convulsions qui vous déchirent? Certes vous écoutez bien peu votre raison et votre religion. Puisque c'est une nécessité de souffrir, que ne mettez-vous à profit vos souffrances et vos peines? Que n'amassez-vous des trésors pour le ciel? Que ne vous assurez-vous un bien que les hommes ni la fortune ne vous enlèveront pas, et qui est infiniment plus grand que celui dont la perte est peut-être aujourd'hui ce qui vous afflige si fort? Bientôt viendra le moment où vous serez charmé de n'avoir pas été plus heureux. Cette Providence que vous êtes tenté de condamner sur la terre, lorsque les voiles seront levés, vous la bénirez éternellement.

« Jeune homme, s'écrie l'éloquent Chrysostôme, si tu étais appelé à occuper un trône sur la terre, et que, sur la route, vers la ville où tu devrais être couronné, tu fusses obligé de t'arrêter dans une hôtellerie, au milieu de la boue, du bruit et de la foule, bien loin de te préoccuper de ces objets désagréables, tu serais en esprit au milieu des honneurs et des fêtes, et tu goûterais d'avance toute la joie d'un riant accueil. A combien plus forte raison, toi qu'anime l'espoir d'un trône dans le ciel, ne dois-tu pas t'affecter de ce qui t'arrive de fâcheux dans le voyage de la vie? »

Étienne, le premier des martyrs, était pénétré de ces vérités sublimes et consolantes, lorsque, écrasé sous une grêle de pierres, loin d'appeler la vengeance du ciel sur ses meurtriers, loin de se plaindre sur ce que Dieu semblait l'abandonner, il s'écriait en tenant les yeux élevés vers le ciel : Je vois le paradis ouvert devant moi, et Jésus me tendant une palme!!!

IX. — La Patience envers le prochain.

On est obligé de vivre avec toutes sortes de caractères et d'humeurs : il sera plus aisé de nous conformer aux humeurs des autres que de conformer les autres à la nôtre; et d'ailleurs, c'est un fort mauvais caractère que de ne pouvoir supporter celui des autres.

Heureux ceux qui sont nés avec moins d'imperfections! car nous en avons tous, et celui qui croit être sans folie n'est guère sage. Puisque chacun de nous a ses faiblesses et ses défauts, pourquoi refuserions-nous aux autres la même indulgence que nous attendons d'eux, et dont nous avons également besoin? Mais l'amour-propre, qui nous donne tant de complaisance pour nos défauts, nous rend tous ceux des autres insupportables. Que cette bonté indulgente est rare, et qu'il est difficile à la plupart des hommes d'être contents de quelqu'un ! Ils sont si remplis de vanité qu'ils ne sont guère satisfaits que d'eux-mêmes ; et telle est leur injustice, que ceux qui font le plus souffrir sont presque toujours ceux qui veulent moins souffrir des autres.

La sagesse doit nous découvrir nos défauts, et la charité doit couvrir à nos yeux ceux du prochain. Si nous ne pouvons nous empêcher de voir des défauts marqués, parce que ce serait manquer d'esprit, ne les voyons que pour ne pas en avoir de pareils ; et jetons aussitôt les yeux sur nos propres faiblesses, afin d'apprendre à souffrir d'autrui.

Rire de ceux qui ont quelque difformité dans la figure, c'est une petitesse qu'on ne pardonne pas aux enfants. Ne devrait-il pas en être de même des défauts du caractère ? Est-on moins à plaindre d'avoir le cœur gauche, l'esprit faux, l'humeur âpre, que d'être boiteux ou bossu ? Il est vrai qu'on ne peut ni s'allonger la jambe, ni se redresser la taille, et qu'on peut corriger les défauts du caractère. Mais on doit convenir que la chose est difficile : et la peine que les hommes ont à se corriger n'est-elle pas un accroissement à leurs défauts, qui demande de nous un redoublement d'indulgence ?

Il règne dans la société une si grande contrariété d'humeurs, que c'est une nécessité, un devoir de charité et de justice de se supporter mutuellement ; et puisque, dans ce conflit d'humeurs et de caractères si différents, il est impossible de s'accorder parfaitement, tâchons du moins de nous rapprocher et de nous unir par les liens universels de la charité et de l'indulgence.

O vous tous qui ne sauriez supporter les défauts de vos frères, souvenez-vous donc que nous sommes les enfants de celui qui fut *doux et humble de cœur*, et qui non-seulement lava les pieds du traître Judas, et daigna recevoir son baiser perfide, mais encore lui donna plus que le ciel et la terre, puisqu'il se livra lui-même tout entier, lui à qui l'univers appartient!!!...

———

Les paroles dures et les mauvaises façons n'ont jamais corrigé personne : elles ne font qu'indisposer et irriter contre le remède. Souvent c'est moins la vérité qui blesse que la manière de la dire. Ne reprenez jamais que vous ne soyez bien assuré qu'on est en faute ; dans le doute, il vaut mieux faire semblant d'ignorer. On injurie et l'on offense lorsqu'on reprend à tort : on s'expose à perdre le fruit des réprimandes les plus justes. Il faut faire celle-ci avec tous les ménagements que vous voudriez en pareil cas qu'on eût pour vous.

Une manière douce et polie de reprendre, sans que la personne même puisse s'en offenser, doit vous servir de règle. Si vous êtes obligé de reprendre, reprenez ; car il ne faut pas donner dans la molle indolence de certaines gens qui ne veulent faire de peine à personne de peur de se faire la moindre peine à eux-mêmes : mais reprenez toujours, autant qu'il vous sera possible, avec douceur et sans emportement. Que vos remontrances soient moins des leçons que des conseils; qu'elles paraissent dictées par l'amitié et inspirées par l'intérêt que vous prenez à la personne qui en est le sujet. La raison peut éclairer, mais seul le sentiment persuade ; et lorsque c'est le cœur qui parle, il est toujours sûr de toucher le cœur qui l'écoute. Il faut blâmer le vice sans irriter le vicieux.

>On ne corrige point l'orgueil qu'on humilie :
>Sous le pied qui l'écrase un serpent se replie.

Il y a des personnes qui ne devraient jamais se mêler de reprendre et de corriger, parce qu'elles le font toujours mal. Les gens vifs ne se possèdent pas assez : les esprits durs ne ménagent rien. Ce n'est point par les accès d'une indignation déplacée, c'est par les attraits d'une piété douce et compatissante que les cœurs se gagnent à la vertu. Un zèle amer est plus propre à les aigrir qu'à les attirer.

Celui de saint François de Sales était bien différent. Ce fut par sa grande douceur qu'il ramena un grand nombre d'hérétiques dans le sein de l'Eglise. Les auteurs de sa Vie attestent qu'il en a converti plus de soixante-dix mille, parmi lesquels il y en avait plusieurs de distingués par leur noblesse ou par leur science. Ce qui faisait dire au savant cardinal Du

Perron : « Qu'il n'y avait point d'hérétiques qu'il ne pût convaincre, mais qu'il fallait s'adresser à M. de Genève pour les convertir. »

———

François de Sales savait néanmoins animer quelquefois son zèle d'une juste indignation lorsqu'il le fallait. Il ne voulait pas que, sous prétexte de bonté et de douceur, on laissât le crime impuni, ou qu'on donnât occasion de le commettre avec plus de hardiesse.

Nous devons de même, quand il s'agit des intérêts et de la gloire divine, nous livrer, s'il le faut, à une sainte colère. Lorsqu'on aime sincèrement Dieu, on est vivement touché de ce qui l'offense. Mais que l'amertume du zèle soit tempérée toujours par la douceur de la charité, qui sait garder des ménagements et s'arrêter où il faut. Ainsi nous voyons Jésus-Christ lui-même, quoiqu'il fût le plus doux des hommes, s'indigner à la vue des profanateurs du temple, faire un fouet de cordes et les chasser. Il semblait qu'il allât exterminer tous ces sacriléges ; cependant il ne blessa personne, et l'on ne voit pas même qu'il en frappât un seul. Son zèle, tout ardent qu'il était, se borna simplement à leur adresser une vive réprimande, à renverser leurs tables, et à les faire sortir du temple. S'il prenait aussi, dans quelques occasions, un ton plus vif et plus animé qu'à l'ordinaire à l'égard de ses disciples, en leur reprochant leur grossièreté, leur incrédulité et leurs autres défauts, ils étaient bien convaincus, par toute sa conduite à leur égard, qu'il les aimait, qu'il n'agissait ainsi que par bonté, pour leur rendre ses instructions plus sensibles, et les imprimer plus fortement dans leur esprit.

On s'imagine quelquefois qu'il faut gronder et reprendre vertement ses domestiques, ses inférieurs, afin d'être mieux servi ; et c'est au contraire le vrai moyen de l'être mal. Un homme sage et modéré sait parler en maître à son serviteur, sans l'injurier et sans dire aucun mot dont il puisse être offensé. Il lui reproche ses fautes avec fermeté, sans manquer au respect qu'il doit à la dignité de l'homme. Il blâme ce qu'il a fait par sa volonté, sans rien blâmer de ce que la nature ou la fortune a fait en lui. Il cherche à corriger le coupable, et non à le mortifier. Aussi, loin de lui savoir mauvais gré, on l'estime, on le remercie, et on ne l'en aime que davantage.

Le ton grondeur, les paroles aigres, une dure et inflexible sévérité révoltent, aigrissent et attirent la haine : mais aussi trop de douceur autorise le mal et attire le mépris. Soyez doux, mais soyez ferme quand il le faut et que vous le devez. C'est être vicieux que de ne pas réprimer le vice lorsqu'on est obligé de le faire ; c'est se rendre complice du mal que de ne pas le reprendre fermement, et l'arrêter quand on en a le droit et le pouvoir.

C'est là ce qui rend si criminelle la malheureuse et pitoyable faiblesse de ces parents qui, dans la folle tendresse qu'ils ont pour leurs enfants, dissimulent, détournent la vue pour ne pas apercevoir les fautes les plus grandes, se retirent même et disparaissent pour avoir un prétexte de ne rien voir et de ne rien dire. Si quelquefois ils se croient obligés de les reprendre de leurs désordres devenus trop grands ou trop publics, c'est avec une faiblesse qui ne remédie à rien, qui augmente même le mal, et rend les enfants plus effrontément libertins ou vicieux.

Parents mous et aveugles! votre tendresse cruelle leur est bien plus funeste que si vous vous armiez, lorsqu'il est nécessaire, d'une juste sévérité. Quand les réprimandes ne produisent rien, quand vous voyez des fautes sérieuses réitérées, faites parler le devoir, faites-le parler en maître et en vengeur. En corrigeant vos fils, ils ne vous en aimeront pas moins, mais ils vous respecteront davantage. Leurs larmes essuyées, ils vous rendront justice, vous remercieront peut-être, et sûrement vous loueront un jour.

Ce n'est pas qu'il faille employer sans cesse les réprimandes et les corrections. On ne doit au contraire reprendre et punir que le plus rarement qu'il est possible : ce qui est trop fréquent ne frappe plus. C'est de la fermeté qu'il faut, et non de la rigueur. Si l'on savait mieux conserver son autorité, sans la compromettre mal à propos, ou sans laisser prendre à un enfant sur soi un ascendant qu'on ne pourra plus lui faire perdre ; si on l'accoutumait de bonne heure au respect et à l'obéissance, sans lui permettre d'y manquer jamais ; si l'on corrigeait dans les commencements les petites fautes, sans leur donner le temps de se changer en habitudes, on n'aurait pas si souvent besoin, dans la suite, d'employer les réprimandes dures, qui coûtent beaucoup à l'amour, ni de prendre la voie, quelquefois inutile et toujours fâcheuse, des châtiments sévères.

———

Lorsque la nécessité de réparer le scandale ou l'inutilité des réprimandes secrètes ne vous oblige pas à reprendre en public, faites-le toujours en particulier. On est mieux disposé à recevoir des avis humiliants, quand la vanité en souffre moins. Observez la loi que la charité exige, et que prescrit l'Evangile. Epargnez au coupable une confusion qu'il ne mérite pas : elle servirait plus souvent à l'aigrir qu'à le corriger. Les plus sages d'entre les païens mêmes ont reconnu l'obligation d'avoir les uns pour les autres ce ménagement. Socrate reprenant un jour en public un de ses amis, Platon lui dit qu'il aurait dû faire cette réprimande en particulier. « Vous avez raison, lui répondit Socrate ; mais vous aussi vous auriez dû me donner cet avis en particulier. »

Au reste, si vous n'êtes point chargé par état de reprendre les autres, ne le faites pas facilement ; n'imitez pas surtout l'indiscrète vivacité de quelques-uns qui troublent le repos de tout le monde, parce qu'ils ne sont jamais en repos. C'est un mauvais métier que celui de censeur ; on se fait haïr, et l'on ne corrige personne. Un philosophe répondit un jour à un de ces censeurs de profession : « Comment me corrigerais-je de mes défauts, puisque tu ne te corriges pas toi-même de l'envie de corriger? »

Il est bien des petites choses qu'on doit se passer mutuellement, et sur lesquelles il n'est ni poli, ni même à propos de se reprendre. En général, la plupart des hommes aiment mieux être applaudis que repris. Nous avons beau protester qu'on ne saurait nous faire plus de plaisir que de nous avertir de nos fautes et de nos défauts : le plus grand plaisir qu'on puisse nous faire est de n'en pas prendre la peine. Relevez les talents, les qualités, le mérite ; mettez dans un beau jour les vertus obscures ; approuvez les sentiments, excusez les défauts ; ne faites pas semblant d'apercevoir les vices : vous serez le meilleur ami. Touchez aux imperfections, aux penchants favoris, aux fautes qu'on aime à se pardonner ou qu'on craint de reconnaître : vous déplairez.

Répétons, répétons donc encore : ô pauvre nature humaine, que tu es faible! que tu es injuste! que tu es aveugle!

X. — Le Pardon des injures.

Il y a plus de noblesse et de vraie grandeur d'âme à pardonner qu'à se venger. Une âme généreuse ne se venge point. Ce n'est pas une marque de lâcheté et de faiblesse de ne point tirer vengeance de ceux qui nous ont offensés; c'est au contraire la preuve du plus grand courage. Se vaincre soi-même, et surmonter le désir de la vengeance, ce désir qu'il paraît si naturel et si doux de satisfaire, c'est la plus belle de toutes les victoires : plus on conviendra qu'elle est difficile, plus on sera forcé d'avouer qu'elle est glorieuse. Voilà quelques maximes devenues proverbiales.

Ce n'est point, en effet, par grandeur d'âme ni par honneur qu'on se venge, c'est par lâcheté et par faiblesse ; c'est parce qu'on n'a pas le courage et la force de s'élever au-dessus du respect humain, de réprimer les mouvements impétueux qui, au-dedans de nous-mêmes, nous sollicitent à la vengeance. Ainsi l'ont pensé les païens eux-mêmes. « Aimer à se venger, dit un ancien, est la marque d'un petit génie, d'une âme faible. » Celui qui a de l'élévation dans l'âme se regarde au-dessus des injures, et les pardonne. « Quand on me fait une injure, disait le célèbre Descartes, je tâche d'élever mon âme si haut que l'offense ne parvienne pas jusqu'à moi. »

On peut donc affirmer qu'il n'est pas nécessaire d'être chrétien pour pardonner à ses ennemis, qu'il suffit d'avoir de l'élévation dans l'âme et de la noblesse dans les sentiments. Témoin l'antiquité païenne, avant que la religion eût en quelque sorte divinisé le pardon des injures, par le plus grand de tous les exemples; combien de beaux traits en ce genre l'histoire de ces temps ne nous offre-t-elle pas? On y voit des philosophes, des sages, des rois mêmes, grands par leurs exploits, par leurs victoires et par leurs conquêtes, qui devaient, ce semble, être plus sensibles à tout ce qui pouvait blesser leur réputation ou nuire à leur gloire, souffrir avec une patience admirable les injures et les outrages sans les punir, comme ils le pouvaient facilement.

César, qui serait peut-être le plus grand homme de l'antiquité s'il avait eu moins d'ambition, ne témoigna aucun ressentiment des épigrammes sanglantes de Catulle. Après la guerre civile, il pardonna à tous ses ennemis, et regretta que Caton, en se donnant la mort, lui eût envié la gloire de lui pardonner.

Rien n'est plus glorieux que de pouvoir perdre un ennemi, et de lui faire grâce. Plus on est élevé, plus on doit pardonner facilement. Les grands doivent avoir de grands sentiments : ils s'avilissent, si leur façon de penser ne répond pas à leur rang. Adrien, étant parvenu à l'empire, dit à un de ses ennemis qu'il rencontra : « Maintenant que je suis empereur, vous n'avez plus rien à craindre de moi. »

Passons à d'autres réflexions. Nous offensons Dieu tous les jours, et il nous supporte. Que de crimes se commettent journellement à la face du Très-Haut! Que d'iniquités souillent et bravent son regard! O grand Dieu! qui en entreprendra le dénombrement. Et son œil perce la profondeur des ténèbres, contemple toutes ces prévarications, toutes ces turpitudes, tous ces monstrueux sacriléges! Pourquoi Dieu ne frappe-t-il donc pas les coupables, n'ordonne-t-il pas à sa foudre de descendre, à la terre de s'entr'ouvrir, ne fait-il pas du monde un épouvantable monceau de ruines? Pourquoi, mon enfant? Parce que sa mansuétude est inépuisable. Où serions-nous tous, combien d'heures traînerions-nous encore notre coupable existence, s'il ne voyait que nos iniquités? Seigneur, répétait le roi-prophète, c'est à votre miséricorde que je dois de n'être pas consumé comme la paille dans la fournaise ardente créée et attisée par mes crimes. Donc, comment imiterions-nous l'Éternel notre Créateur, si pour une légère offense la bile aussitôt bouillonnait dans notre sein, si dans la contradiction nous appelions aussitôt à notre aide la terre et les éléments, le ciel et l'enfer? Oui, méditons sur les outrages amoncelés depuis l'origine des âges, sous les regards de l'Ancien des jours, et du pardon des injures nous nous ferons bientôt une douce loi.

« Celui, dit le Seigneur, qui voudra se venger, sentira la vengeance du Seigneur, et Dieu n'oubliera jamais ses péchés. » L'homme garde sa colère contre un homme, et il ose demander à Dieu qu'il lui par-

donne ! Il n'a pas compassion d'un homme semblable
à lui, et il demande à Dieu miséricorde ! O vous, qui
récitez chaque jour la douce prière que nous apprit
le Sauveur lui-même, et qui nourrissez des sentiments
de haine contre votre frère, pensez-vous donc à ce
que vous dites? Vous demandez qu'on vous pardonne
comme vous pardonnez. Malheureux! que faites-vous?
En demandant grâce, vous demandez votre perte :
votre arrêt sort de votre bouche, et vous vous condamnez vous-même. En ajoutant le crime de la vengeance à tant d'autres dont vous êtes déjà coupable,
vous grossissez les flots de la vengeance divine, qui
sont près de tomber sur vous.

Voulez-vous donc au contraire désarmer le bras du
Seigneur levé sur votre tête? désarmez le vôtre. Voulez-vous obtenir une entière absolution de tout ce que
vous devez à la justice divine? remettez de bon cœur
et sans délai tout ce qu'on vous doit. Ne craignez
point de faire les premiers pas vers la réconciliation.
Celui qui revient le premier est, aux yeux de Dieu, le
vainqueur le plus grand et le plus digne de la couronne immortelle destinée au pardon des offenses.

Si nous avons donné lieu à la haine qu'on nous
porte, hâtons-nous de pardonner, pour réparer notre
faute ; si nous n'avons aucun tort, pardonnons encore
plus volontiers. N'est-il pas bien plus doux d'avoir à
pardonner que d'avoir besoin de pardon? L'empereur
Théodose-le-Grand écrivit à Rufin, préfet du prétoire :
« Si quelqu'un parle mal de notre personne et de
notre gouvernement, nous ne voulons pas le punir.

S'il a parlé par légèreté, il faut le mépriser ; si c'est par folie, il faut le plaindre ; si c'est par malice, il faut lui pardonner. »

———

Vous avez des sentiments, dites-vous, et vous n'êtes pas assez lâche pour souffrir un affront. Dites que vous n'avez pas de sentiments assez nobles pour le mépriser, que vous n'avez pas l'âme assez élevée pour être hors de l'atteinte des insultes. Le plus indigne et le plus faible des hommes sera maître, quand il le voudra, de montrer qu'il est au-dessus de vous, qu'il peut à son gré troubler votre tranquillité, empoisonner vos plaisirs, remplir votre vie d'amertume, vous rendre misérable au sein de la destinée la plus heureuse. Une main cachée cherche à vous percer des traits de la calomnie ; et, au lieu de rendre ses efforts impuissants, en vous élevant au-dessus, vous vous blessez vous-même en vous tourmentant, et vous aigrissez la plaie en voulant la guérir. Un esprit satirique et malin répand sur vous le sel piquant du ridicule, qui montre toute la noirceur de son caractère, et vous en êtes au désespoir. Un insolent, un brutal, vous fait une insulte qui le déshonore encore plus que vous, et vous entrez en fureur, vous ne respirez que la vengeance. Mais ne voyez-vous pas que en vous livrant contre lui aux transports violents de la colère, vous punissez sur vous ses impertinences, et vous vous faites plus de mal que l'ennemi le plus méchant ne pourrait vous en faire?

Ce n'est pas seulement par grandeur d'âme que nous devons pardonner; notre propre bonheur nous y invite. Si le plaisir de la vengeance semble doux, il coûte quelquefois bien cher; et l'on gagnerait plus à surmonter son ressentiment par un pardon généreux qu'à l'entretenir par des désirs de vengeance. Que de peines ne s'épargne-t-on pas en pardonnant! Quelle foule de mouvements furieux dans l'âme de celui qui cherche à se venger! Il en est agité nuit et jour; il ne goûte pas un moment de repos. Si son ennemi est à l'abri de ses coups et se rit de ses vains efforts, quel cruel désespoir! Si les traits qu'il lance sont repoussés par d'autres, quelle affreuse guerre!

Mais je veux qu'il triomphe de son adversaire : goûtera-t-il longtemps le plaisir de la vengeance? Non : la passion calmée, il reconnaîtra qu'il a trop écouté son ressentiment, qu'il s'est porté à des excès, qu'il s'est trop vengé, et ses propres remords le puniront. La satisfaction qu'on tire de la vengeance, satisfaction qui dure si peu, qui est si empoisonnée, mérite-t-elle donc d'être achetée si cher? Si le pardon des injures coûte d'abord (car il faut l'avouer, rien n'est peut-être plus difficile au cœur de l'homme), on en est bien dédommagé par la paix, la tranquillité, le contentement qui suivent ce généreux sacrifice.

L'âme chrétienne ne croit donc pas que ce soit assez de souffrir les mauvais traitements de ses ennemis, de fatiguer leur malignité par sa patience, de désarmer leur colère en ne la combattant point : elle veut triompher par ses bienfaits. Elle saisit toutes les occasions de les servir en public et en particulier; elle va jusqu'à les prévenir par ses bons offices : dans le besoin, ceux qui l'ont le plus offensée sont quelquefois préférés à ses amis mêmes. Une telle magnanimité vous étonne; à peine en croyez-vous l'homme capable, tant elle vous paraît au-dessus de lui. Mais cet aveu même est une preuve qu'il n'y a que de la noblesse dans ce caractère; que toute la bassesse est pour celui qui sait ainsi se venger.

François de Lorraine, duc de Guise, après avoir vaincu les calvinistes à la bataille de Dreux, assiégeait Rouen, dont ils avaient fait la place d'armes de leur parti. On lui en amena un qui avait les yeux égarés et paraissait avoir en tête quelque mauvais dessein. Le duc de Guise l'interrogea. Ce malheureux lui avoua qu'il avait formé le projet de l'assassiner. « Quel mal t'ai-je fait, lui dit le duc avec bonté, pour attenter à ma vie ? — Vous ne m'en avez fait aucun, lui répondit le protestant; mais c'est parce que vous êtes le plus grand ennemi de ma religion. — Si la religion, reprit le duc, te porte à m'assassiner, la mienne veut que je te pardonne : juge après cela laquelle des deux est la meilleure. » Il lui fit donner un cheval et cent écus, et il le renvoya. On sait de quelle manière l'auteur d'ALZIRE a rendu le sentiment sublime de ce héros chrétien :

> Des dieux que nous servons connais la différence :
> Les tiens t'ont commandé le meurtre et la vengeance ;
> Et le mien, quand ton bras vient pour m'assassiner,
> M'ordonne de te plaindre et de te pardonner.

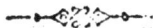

XI. — L'Esprit de concorde.

« Quand il n'y aura plus de bois, dit encore Salomon, le feu s'éteindra ; et quand il n'y aura plus de semeurs de rapports, les querelles s'apaiseront. »

Réconcilier des parents ou des amis brouillés ensemble, réunir des époux divisés, rétablir la concorde dans les familles, étouffer des procès, est une chose aussi belle devant les hommes qu'agréable à Dieu. Un saint prêtre trouva dans sa paroisse plus de cent procès lorsqu'il y entra; à sa mort il n'y en restait qu'un seul. Il avait terminé et pacifié tous les autres. Aussi ses funérailles furent-elles honorées des regrets et des larmes de tous ses paroissiens, qui le regardaient comme leur père.

Faites-vous toujours un plaisir de rétablir la paix, la concorde, la bonne union ; et si vous avez réussi, croyez que c'est une des plus belles et des plus glorieuses actions de votre vie. Plus vous y aurez trouvé de difficultés et de peines, plus vous aurez de mérite et de gloire; car, il faut l'avouer, cela n'est pas toujours facile. Il y a des cœurs si aigris, si envenimés les uns contre les autres, qu'il est comme impossible de les réunir. Il y a des esprits si entêtés, si opiniâtres, qu'on ne peut les rendre dociles à la voix de la raison. Il y a des caractères si opposés, si discordants, que vainement on essaierait de mettre entre eux quelque harmonie.

———

Loin de ramener la paix dans les cœurs dont elle est bannie, il y a des gens au contraire qui se plaisent à la chasser des lieux où elle règne, par de sourdes intrigues, par de mauvais conseils, par de noires calomnies, par des rapports indiscrets. Voilà ce qui souvent trouble la paix de la société, aigrit les citoyens, désunit les amis, sème la discorde entre les frères et divise les époux. Que de chagrins, de larmes, de malheurs et de crimes n'ont pas causés dans tous les temps ces ennemis cruels de la paix! Aussi les coupables auteurs de ces funestes divisions sont-ils souvent punis par l'horreur qu'ils inspirent lorsqu'ils viennent à être connus.

Ce sont des insectes rampants, dont le cœur et la bouche, remplis de fiel et de malice, ne cherchent qu'à infecter la terre. Ce sont des ennemis de la société civile et des perturbateurs du repos public. Ce sont de faux amis qui viennent vous enfoncer le poignard dans le sein et troubler la sérénité de vos jours. Ils vous apprennent ce qu'il vous serait presque toujours plus avantageux d'ignorer, je veux dire mille choses qu'il est bon de ne pas savoir, mais surtout le mal qu'on pense ou qu'on dit de nous. Ne soyons donc point curieux de savoir ce qui nous déplairait. C'est folie de courir après ce qui peut chagriner.

Une personne sage se gardera donc également et de faire de mauvais rapports, et de les écouter. Celui qui en fait trouble le repos des autres, et celui qui les écoute nuit à sa propre tranquillité. Une personne mal intentionnée, voulant brouiller Platon avec un de ses disciples, lui dit que ce disciple avait tenu des discours désavantageux de son maître. « Je n'en crois rien, répondit Platon ; et l'on aurait bien de la peine à me persuader qu'un homme que j'aime de si bonne foi eût l'âme assez lâche et assez ingrate pour me décrier comme vous me le dites. » Mais voyant que l'autre appuyait par de grands serments ce qu'il avait avancé : « Il faut, reprit-il, que j'aie effectivement les défauts dont vous me parlez ; et celui que vous voulez me rendre suspect a jugé sans doute à propos qu'on m'en avertît. »

En fermant l'oreille aux faiseurs de rapports, on leur ferme bientôt la bouche. L'attention avec laquelle on les écoute les encourage ; mais les écoute-t-on avec indifférence, marque-t-on du mépris pour ce qu'ils disent, on les déconcerte, et on leur ôte l'envie de faire de nouveaux rapports. C'est la conduite que tiennent à leur égard les hommes prudents, et surtout les vrais chrétiens.

Heureux temps celui où régnait entre les enfants du Christ une harmonie telle que les païens eux-mêmes s'écriaient : En vérité, ils ne font qu'un cœur et qu'une âme !

XII. — La Colère.

La douceur de caractère est une des plus aimables qualités qu'on puisse recevoir de la nature. Si elle ne nous l'a pas donnée, nous devons faire tous nos efforts pour l'acquérir. La chose n'est pas impossible : il ne faut que de la bonne volonté et du courage. Saint François de Sales était né avec un caractère vif et violent. Dès qu'il eut reconnu son défaut, il s'appliqua fortement à s'en corriger, et il devint un modèle à jamais admirable de douceur.

Jeune homme, qui avez un caractère dur ou violent, imitez-le. N'épargnez rien pour acquérir la douceur de l'esprit et du cœur. Quoi qu'elle coûte, on ne l'achète jamais trop cher ; les avantages qui la suivent sont d'un prix inestimable. « La parole douce, dit le Sage, acquiert beaucoup d'amis et adoucit les ennemis. Mon fils, ajoute-t-il, montrez de la douceur dans tout ce que vous faites, et vous serez plus aimé que si vous faisiez les actions les plus éclatantes. Heureux les doux, dit Jésus-Christ, parce que ce sont eux qui posséderont la terre ! » Et comment ne la posséderaient-il pas ? c'est la douceur qui fait les délices de la société et les charmes de la conversation.

———

On aime une personne douce, on la recherche, tout le monde serait charmé de vivre avec elle. On évite au contraire celui qui a le caractère dur, violent, impérieux ou inflexible ; et quand on se fait éviter, on ne tarde guère à se faire mépriser. L'esprit dur reste seul, personne ne veut de son commerce ; l'impérieux tyrannise, on le déteste ; le violent irrite, le contredisant fâche, l'inflexible révolte, le bourru se fait haïr, et l'on se venge du brutal par de cruelles vengeances, ou par des insultes plus piquantes encore que les siennes.

« Qui est-ce qui pourra, s'écrie Salomon, vivre avec un homme qui se fâche aisément ? »

Il est vrai que chacun a ses faiblesses et ses misères ; mais malheureux l'homme qui a la colère pour son partage ! Si c'est le vôtre, vous devez en gémir ; car en vain appelez-vous ces emportements hideux des vivacités pardonnables et des premiers mouvements dont vous n'êtes pas le maître. Êtes-vous aussi excusable que vous le pensez ? votre conscience et Dieu seuls peuvent résoudre cette grave question.

Quoique la mauvaise humeur et la colère naissent presque toujours de la constitution et du sang, elles ne sont pas moins soumises à l'empire de l'homme aidé et soutenu de la raison et de la grâce.

Les grottes des rochers, dit l'auteur des Conseils de la Sagesse, sont des habitations préparées par le Créateur pour les personnes sujettes à ces colères impétueuses et aveugles. Fuyez-y, et retirez-vous dans le plus profond de ces sombres retraites. Il vous sera plus doux de souffrir seul dans la solitude que de faire souffrir tout le monde avec vous.

———

La colère est une maîtresse impérieuse et méchante. Elle récompense toujours mal ceux qui lui obéissent, et vend cher les pernicieux conseils qu'elle donne. Dans combien d'excès honteux, indignes, quelquefois irréparables et suivis de cruels remords, ne précipite-t-elle pas ! Elle porte les personnes qui ont le plus d'esprit, ou qui par leur rang et leur naissance devraient avoir le plus de sentiments, à dire et à faire mille choses qui avilissent toujours et qui souvent déshonorent. Le philosophe Démonax, voyant un Lacédémonien en colère qui maltraitait son esclave : « Cesse, lui dit-il, de te rendre semblable à lui. »

Ce qui se fait dans la passion se fait toujours contre la raison, et donne souvent de grands sujets de repentir. Un moment de colère cause quelquefois des regrets qui durent toute la vie. Quiconque se fâche a tort, ou l'aura bientôt : il est difficile de ne pas s'échapper dans la colère jusqu'à dire des injures ou faire des outrages dont ensuite on rougit, et qu'on est même quelquefois obligé de réparer par de pénibles mais stériles excuses. Il y a quelque chose de si humiliant dans l'excuse, qu'on devrait bien ne se mettre jamais dans le cas d'en faire à qui que ce soit. Demander pardon, c'est convenir qu'on a tort, et il n'est pas permis à une personne qui pense de dire ou de faire des sottises. Toutefois disons qu'il vaut encore mieux l'avouer, et reconnaître sa faute, que de vouloir la justifier ou la soutenir.

La colère est peut-être de toutes les passions violentes celle qui nuit le plus au corps même. Rien n'altère plus la santé que les emportements; ils corrompent le sang, bouleversent les humeurs, changent totalement la constitution, et conduisent précipitamment au tombeau. « Les transports et la colère, dit l'Ecriture, abrègent les jours. » Combien même n'en a-t-on pas vu qui, dans un de ces horribles accès, sont tombés morts ?

Les personnes sujettes à la colère ne l'appellent que vivacité; mais qu'importe quel nom on lui donne, si cette vivacité dégénère presque toujours en brusqueries et en boutades; si elle porte à des excès de folie ou de fureur, et finit par faire d'un homme une bête féroce, un fléau de la société ?

Les femmes qui sont nées vives et emportées doivent s'appliquer encore plus que les hommes à corriger ce défaut. La nature leur a donné la douceur en partage : on dirait qu'une femme qui s'irrite change de sexe. La colère ne fait pas seulement qu'elles deviennent odieuses et insupportables, elle les dénature et les rend hideuses.

Cette passion messied aux grands, et cependant ce sont ceux-là mêmes qui y sont le plus sujets. « Le feu, dit l'Esprit saint, s'embrase dans la forêt selon qu'il y a de bois : et la colère de l'homme s'allumera à proportion de sa puissance ; il la fera d'autant plus éclater, qu'il aura plus de biens. » C'est que la colère qui nous porte à rejeter avec violence ce qui nous choque, naît ordinairement de l'orgueil, et que l'orgueil croît à proportion qu'on s'estime plus grand par son mérite ou par ses qualités extérieures. Il n'est que celui qui a l'âme aussi élevée que son rang qui croirait s'abaisser et s'avilir s'il s'abandonnait aux transports honteux de la colère.

———

Il en coûte pour être ainsi maître de soi ; mais quand on a soin de réprimer ses passions, leur férocité s'adoucit ; elles deviennent comme des animaux domestiques et apprivoisés qui habitent avec nous et qui s'y tiennent en paix. Ne vous découragez donc pas de tous les efforts infructueux que vous avez peut-être faits jusqu'ici pour surmonter votre naturel empressé et violent. Quand on succomberait quelquefois, il est toujours utile et glorieux d'avoir souvent résisté et vaincu. Chaque victoire a sa récompense et lorsque la passion est calme, on envisage de sang-froid jusqu'où elle pouvait nous mener. C'est une satisfaction bien douce qu'elle ne nous ait rien fait commettre contre la raison et la sagesse.

Oui, si vous voulez vous assurer votre bonheur dès cette vie même, ainsi que celui de la société, travaillez sans cesse à vous rendre maître de votre passion, à vaincre l'humeur, à prévenir les emportements de la colère, au-devant de laquelle, disait un ancien philosophe, il faut courir comme au-devant du feu, parce qu'elle s'allume et s'enflamme aussitôt si on ne l'arrête.

XIII. — La Piété filiale.

Enfants, jeunes hommes, aimez, honorez vos parents. Qui honorerait-on, qui aimerait-on, si l'on manquait à ce premier cri de la nature? Quoique son divin auteur ait gravé ce devoir au fond de notre âme, en nous éclairant des lumières de la raison, il a voulu nous en faire encore un commandement exprès, et l'on a remarqué que c'est le seul à l'observation duquel il a attaché une récompense dès cette vie même.

Rien aussi n'est plus particulièrement recommandé dans l'Écriture sainte, et surtout dans l'un de ses plus beaux livres de morale, l'Ecclésiastique, qui est rempli de préceptes admirables et des plus sages conseils. « Ecoutez, enfants, dit cet auteur sacré, les avis de votre père, et suivez-les, afin que vous soyez sauvés ; car Dieu a rendu le père vénérable aux enfants, et il a affermi sur eux l'autorité de la mère. Celui qui honore sa mère est comme un homme qui amasse un trésor ; celui qui honore son père recevra lui-même de la joie de ses enfants, et il sera exaucé au jour de sa prière. Celui qui craint le Seigneur honore son père et sa mère, et il servira comme ses maîtres les auteurs de ses jours. »

Nous devons à nos parents le respect, l'amour, l'obéissance et les services. A quelque dignité même qu'on soit élevé, on doit toujours avoir du respect pour ceux de qui on a reçu la vie ; et il faut leur en donner des marques extérieures, en les saluant avec honneur, en leur parlant avec soumission, en les visitant avec amitié, et les prévenant par de certaines attentions, qui les flatteront d'autant plus qu'elles seront des hommages libres et publics. Laurent Celse ayant été nommé doge de Venise, et voyant que son père, qui était du nombre des sénateurs, ne pourrait se dispenser de venir comme les autres, selon la coutume, se mettre à genoux devant lui, mit sur sa toque une croix d'or, afin que son père pût rapporter à la croix l'honneur qui était l'usage. C'est depuis ce temps-là que les doges portent une croix sur leur coiffure ducale.

Ce serait manquer au respect qu'on doit à ses parents que de les mépriser, même intérieurement. Que sera-ce donc si l'on est assez malheureux pour s'oublier jusqu'à leur dire des paroles dures, injurieuses, outrageantes? N'est-ce pas se charger soi-même de honte, puisque le fils tire gloire de l'honneur du père, et qu'un père sans honneur est le déshonneur du fils.

———

« Aimez vos parents, répétait l'ancienne philosophie, parce que vous avez reçu d'eux la vie, les biens, une patrie. » La foi chrétienne épure le sentiment filial, en le faisant découler de plus haut. Le père s'exprime ainsi :

« Ecoute ma parole, ô mon enfant ; rien ne vaut les avis d'un père. Une tête blanchie par l'âge sait plus de choses qu'une jeune tête, s'il est vrai que le temps a pour fruit la sagesse. En tout le reste sois-moi supérieur ; un père se réjouit d'être surpassé par son fils : Dieu l'a réglé ainsi, afin d'unir entre elles les générations et d'assurer la durée de son œuvre.

» Prends exemple sur moi, et tu auras plus de respect pour ceux qui t'ont donné le jour. Je suis le fils d'un père vertueux ; jamais il n'a entendu sortir de ma bouche une parole semblable à la tienne : Dieu ne saurait l'approuver, ô mon fils, car elle détruit le monde, et méconnaît notre divine origine. Si, en effet, dans les soins que nous rendons à nos enfants, nous obéissons, comme tu le prétends, à l'aveugle instinct qui inspire l'abeille, l'oiseau, le poisson, le quadrupède, c'en est fait de la vie humaine.

» Qui voudra presser son fils sur son cœur, le bénir, se prêter à ses désirs, partager avec lui sa fortune, si ce fils ne voit dans ces bienfaits que l'acquit d'une dette, toujours prêt, si ses vœux ne sont pas accomplis, à murmurer l'outrage ?

» Nous ne sommes pas les enfants des hommes seulement, nous sommes avant tout les enfants de Dieu. Nos pères sont ses organes : par eux il perpétue et renouvelle le chef-d'œuvre de ses mains; car il a pétri notre argile, elle s'est animée sous ses doigts, et montrant à l'univers l'homme formé de deux substances, il l'a établi roi de la création. Or qui jamais a osé ouvrir la bouche contre Dieu pour lui dire : « Si tu m'as donné la vie, c'est peu de chose; si tu m'as nourri, tu ne pouvais moins faire ; accorde-moi la sagesse, la fortune, la beauté, le premier rang dans la cité ; rends mon bras capable de porter la lance ; fais que mon corps soit à l'épreuve des maladies ; verse à pleines mains sur moi les jours heureux ! A cette condition, je veux bien t'honorer par des sacrifices et par des prières, car ce n'est pas pour moi que tu m'as fait corps et âme ; jaloux de ta gloire, tu m'as amené sur la scène du monde, comme toutes choses, pour que ton nom soit célébré par les mortels, ô bienheureux souverain de la nature ! »

Laissons aux impies ce langage. Pour nous, louons notre Dieu, riches ou pauvres, de ses dons. Après le roi des cieux, honorons nos pères sur la terre.

Si vous aimez sincèrement ceux de qui vous tenez la vie, vous leur en donnerez des marques dans toutes les occasions. Au visage gracieux, aux paroles tendres, vous joindrez l'empressement à les servir, à les obliger en tout ce qui dépendra de vous. Vous aurez pour toutes leurs volontés la soumission la plus respectueuse. Le seul cas où vous pourriez, où vous devriez même leur désobéir, ce serait s'ils vous commandaient quelque chose contre les lois du premier de tous les pères. L'Ecriture, qui nous ordonne d'obéir à nos parents, nous avertit aussi que nous nous perdrions nous-mêmes si nous les aimions plus que Dieu.

Mais en tout ce qui n'est pas certainement opposé à la volonté divine, on doit à ses parents l'obéissance la plus entière, et le moindre signe de leurs désirs doit tenir lieu d'ordre

Etes-vous moins aimé de vos parents que les autres? ne vous laissez point aller pour cela aux murmures et aux emportements ; ne perdez ni le respect, ni la soumission que vous leur devez toujours. Tôt ou tard votre patience et votre vertu vous regagneront leur cœur.

Saint Ambroise, dans la belle explication qu'il donne du commandement que Dieu nous a fait, et que nous a renouvelé Jésus-Christ, d'honorer notre père et notre mère, veut que nous les honorions par notre soumission, prenant garde à ne les point offenser, même par quelque marque qui paraisse sur notre visage. « Ce n'est pas assez, ajoute-t-il, de les honorer par votre respect et par votre obéissance ; il faut les honorer en les assistant. Aidez, nourrissez votre tendre mère si elle est dans le besoin. Quand vous l'aurez nourrie, vous ne lui aurez pas encore rendu tout ce qu'elle a souffert et tout ce qu'elle a fait pour vous. Vous lui devez ce que vous avez, puisque vous lui devez ce que vous êtes. »

———

C'est surtout dans la vieillesse que les parents ont plus besoin du secours de leurs enfants; et c'est alors que ceux-ci doivent redoubler de zèle et d'affection.

« Mon fils, dit le Sage, prenez soin de votre père dans sa vieillesse, et ne l'attristez pas durant sa vie. Si sa raison s'affaiblit, supportez-le, et ne le méprisez point. Car la charité que vous aurez eue pour votre père ne sera pas mise en oubli; et Dieu vous récompensera pour avoir supporté les défauts de votre mère : il vous établira dans la justice; il se souviendra de vous au jour de l'affliction, et vos péchés seront anéantis comme la glace qui se fond en un jour serein. Que celui qui abandonne son père s'acquiert un mauvais renom! et combien est maudit de Dieu celui qui aigrit l'esprit de sa mère! »

Le véritable amour est ingénieux, et trouve des ressources dans lui-même ou dans les autres.

Les enfants assez dénaturés pour oublier ce qu'ils doivent à leurs parents sont des monstres d'ingratitude.

Il y a des personnes qui, s'étant élevées, rougissent de ceux qui leur ont donné naissance. La voix du sang et de la nature, ils la dédaignent et la méconnaissent. Que ne rougissent-ils aussi d'être nés ! L'orgueil a fasciné leurs yeux et corrompu leur cœur. Ils ne voient point que la véritable grandeur n'est pas d'être né grand ou riche, mais de s'élever par la générosité de ses sentiments au-dessus des grandeurs et des richesses. « N'oubliez pas, dit le Sage, votre père et votre mère, parce que vous êtes au milieu des grands, de peur que Dieu ne vous oublie devant ces grands mêmes, et que, devenant insensé par la trop grande familiarité que vous aurez avec eux, vous ne tombiez dans l'infamie. Au contraire, le respect et l'honneur que vous leur rendez alors rejaillira sur vous. « Un brave officier, nommé Duras, du régiment d'Aubusson, était fils d'un paysan. Son père étant venu le voir, il le présenta en habit de son état et en sabots à son colonel. Louis XIV, instruit de la manière dont il avait reconnu, reçu et honoré son père, tandis qu'on le croyait issu de la maison de Duras, le fit venir à la cour, et lui dit en lui tendant la main : « Duras, je suis bien aise de connaître le plus honnête omme de mon royaume : je vous accorde mille écus de pension ; mariez-vous, j'aurai soin de vos enfants, vous méritez d'en avoir qui vous ressemblent. »

Si l'on doit honorer et assister ses parents durant leur vie, il ne faut pas non plus les oublier lorsqu'ils ont cessé de vivre : c'est alors peut-être qu'ils ont le plus besoin de vous. Faites-leur des obsèques selon votre rang et votre état, pour honorer leur mémoire ; mais ne vous en tenez pas là : les magnifiques funérailles sont pour les vivants ; les prières seules soulagent les morts.

On ne doit pas seulement honorer son père et sa mère ; il faut honorer aussi tous ses autres parents, à proportion des liens du sang qui unissent avec eux. Mais combien plus doit-on respecter et honorer le souverain, qui est le père de tous ses sujets ! « Craignez Dieu, honorez le roi, » disait le chef des apôtres aux premiers fidèles.

———

Enfin les personnes qui, par leur âge, sont censées avoir et ont en effet d'ordinaire plus de raison, d'expérience et de sagesse que les jeunes gens, méritent aussi leur considération et leur respect. N'imitez donc jamais cette imprudente jeunesse qui, croyant tout connaître sans avoir encore rien vu, et tout savoir sans avoir rien appris, prend un air suffisant et vain, un ton tranchant et décisif en présence des vieillards mêmes, ou se plaît à les tourner en ridicule, à les mépriser, à les traiter d'ignorants et d'insensés.

Oh ! oui, faisant abstraction du mérite personnel, ayez toujours pour une tête chauve et des cheveux blancs tous les égards qui leur sont dus et que vous désireriez qu'on eût pour vous, si vous parveniez à un grand âge. Ceux mêmes qui agissent autrement ne pourront s'empêcher de vous en louer. Un vieillard d'Athènes cherchait une place au spectacle, et n'en trouvait point. Des jeunes gens, le voyant en peine, lui firent signe de loin ; il vint, mais ils se serrèrent, se moquèrent de lui. Le bonhomme fit ainsi le tour du théâtre, fort embarrassé de sa personne, et toujours hué de cette imprudente jeunesse. Les ambassadeurs de la ville de Lacédémone, qui étaient au spectacle, s'en aperçurent, et, se levant aussitôt, placèrent honorablement le vieillard au milieu d'eux. Cette action fut remarquée de toute l'assemblée, et applaudie d'un battement de mains universel. Ce qui fit dire au vieillard, d'un ton de douleur : « Les Athéniens savent ce qui est bien, mais les Lacédémoniens le pratiquent. »

Ajouterai-je, mon fils, qu'un beau modèle de piété filiale nous est donné ; c'est Jésus-Christ. Dans tes paroles et dans tes œuvres, tâche d'être pour les auteurs de tes jours ce que fut l'Homme-Dieu pour Joseph et Marie, et tu deviendras digne du bonheur !

XIV. — La Charité pour les pauvres.

« Ayez chez vous une chambre pour recevoir Jésus-Christ quand il viendra, dit saint Augustin. Jésus-Christ est dans la rue, sous la figure d'un étranger ; il est nu, il a froid, il vous demande un abri : ne le rebutez pas ; ne lui soyez pas inhumains et cruels ;

ne refusez pas de lui ouvrir du moins les lieux occupés par vos esclaves. »

Magnifiques paroles sur lesquelles, ô mon jeune lecteur, j'arrête d'abord ta pensée. Puisse ce que je vais te dire te faire comprendre la nécessité, les avantages et les règles de l'aumône chrétienne!

Entre les pauvres qui peuvent être l'objet de votre bienfaisance, vous devez surtout préférer ceux qui, ayant de la conduite et de la vertu, ne méritent pas leur mauvaise fortune. Il y en a toujours beaucoup de cette espèce.

Attachez-vous encore par préférence aux vieillards, aux malades, aux pauvres honteux, aux personnes malheureuses que votre charité pourrait tirer du désordre ou empêcher d'y tomber.

Mais, quoique la charité et la bienfaisance ne soient jamais mieux placées que quand elles servent à entretenir l'amour du travail, à soutenir les restes d'une vie infirme et languissante, à soulager la vertu malheureuse, ou bien à retirer du désordre des personnes que l'indigence ou le libertinage y avait précipitées, on ne doit pourtant pas refuser d'étendre vers les autres malheureux une main généreuse et compatissante. Il ne faut pas même la fermer entièrement à ceux qui d'ailleurs en seraient indignes, lorsqu'ils se trouvent dans une vraie nécessité. On reprochait à un philosophe qu'il faisait l'aumône à un méchant : « Je la fais à la nature, répondit-il, et non à la personne. »

Un homme charitable est comme un port ouvert aux infortunés; il doit tous les accueillir. Le rivage reçoit également tous les naufragés, bons et méchants, quels que soient leurs fautes ou leurs périls. Vous devez faire de même pour ces naufragés de la fortune, qui sur la terre sont battus par le malheur. Sans les juger avec rigueur, ni rechercher exactement leur vie, occupez-vous de soulager leur affliction. L'aumône n'a pris son nom que dans la pitié qu'elle inspire. Certes, si nous examinons avec tant de scrupule et de sévérité les personnes indignes de nos secours, nous n'en trouverons jamais assez qui les méritent; mais si nous distribuons nos offrandes à tous, même aux indignes, nous verrons aussi venir à nous ceux qui les méritent le plus. Ne faisons pas d'enquête sur le malheur. La souffrance du pauvre suffit à elle seule pour lui donner droit à nos bienfaits. Lorsqu'un homme s'offre à nous avec la recommandation du malheur, ne demandons rien davantage. En l'assistant, c'est sa nature d'homme, et non le mérite de ses actions ou de sa foi que nous honorons; c'est sa misère et non sa vertu qui nous touche, afin d'attirer sur nous-mêmes la miséricorde de Dieu. Car si nous voulons discuter rigoureusement les droits de ceux qui ont Dieu pour maître aussi bien que nous, il fera la même chose à notre égard : si nous leur faisons rendre compte de leur vie, il nous demandera compte de la nôtre, car l'Evangile a dit : « Vous serez jugés comme vous aurez jugé les autres. »

Quel est donc le crime de ces hommes dont les richesses, aussi stériles pour les autres qu'elles sont fécondes en vices pour eux-mêmes, ne sont employées qu'aux profusions d'un vain luxe, aux recherches d'une molle délicatesse, à l'entretien des passions quelquefois les plus basses et les plus honteuses! Quelque innocente d'ailleurs, quelque légitime que soit leur fortune, ne deviennent-ils pas de coupables usurpateurs qui envahissent sur leurs frères l'héritage paternel qu'ils devraient partager avec eux; de cruels homicides qui, sans répandre le sang du pauvre, ne lui donnent pas moins le coup de la mort lorsqu'ils lui refusent ce qui lui est nécessaire pour le soutien de ses jours; des espèces d'assassins, puisque, si le pauvre trouvait dans la compassion du riche les secours qu'il est en droit d'en attendre, on ne le verrait pas s'armer du fer contre le citoyen pacifique, et arracher ses dépouilles sanglantes? Affreuse et trop ordinaire ressource d'une misère excessive, qui succombe sous la multiplicité de ses besoins, et ne prend plus conseil que de son désespoir!

———

On n'a jamais tant parlé d'humanité que dans notre siècle, mais en substituant le beau mot d'*humanité*, de *philanthropie*, à celui de *charité*, parce que l'humanité n'est qu'une vertu païenne, et que la charité est fille du christianisme. Or, ce mot déplaît aux philosophes. Ils ont voulu, à l'exemple des sectaires, couvrir de séduisantes couleurs la noirceur de leur doctrine, et prêter du moins à l'erreur le masque de la vérité. Ils ont préconisé, exalté l'humanité sous les noms les plus sonores : mais, s'ils ont peut-être réveillé dans quelques cœurs ces sentiments si naturels, et engagé à faire quelques actes de bienfaisance dont les malheureux ont profité, nous osons le dire à la gloire de la religion, ces sentiments d'humanité ne germeront jamais plus sûrement, ni avec plus de rapidité dans les cœurs, que quand ils seront vivifiés par la charité chrétienne.

Quelle religion a plus fortement recommandé l'amour du prochain, le soin des pauvres, et surtout en a donné de plus héroïques exemples?

O vous tous, panégyristes boursoufflés de la philanthropie, comparez donc la plus pathétique de vos harangues avec ces deux pages de l'apôtre de Césarée :

« Que répondrez-vous à Jésus-Christ? Vous revêtez des murailles et vous n'habillez pas un homme; vous décorez des chevaux, et vous oubliez que votre frère est presque nu. Vous laissez pourrir votre blé, et vous refusez de nourrir le pauvre que presse la faim. Vous enfouissez votre or, et vous rebutez l'indigent. Lorsque votre richesse, bien que tourmentée par mille caprices que vous prenez pour des besoins, regorge dans vos mains, vous la déposez en un lieu sûr. L'avenir, dites-vous, est incertain; des nécessités imprévues peuvent nous surprendre. Il est incertain si l'or que vous avez enfoui vous sera nécessaire, mais il est certain que vous serez puni de votre dureté.

» J'entre dans la maison de ce nouveau parvenu : je

vois le luxe et la fraîcheur de l'ameublement, et je me dis : Cet homme n'a sans doute rien de plus précieux à m'offrir que ce qui frappe mes regards : il recouvre le marbre et la pierre, et n'a pas souci d'orner son âme. Quel si grand usage tirez-vous donc de ces lits et de ces tables d'argent, de ces siéges et de ces canapés d'ivoire, pour que cette dépense frivole ne puisse être appliquée aux pauvres? Ils assiégent votre porte, ils poussent des cris plaintifs ; vous les écartez en disant que votre bien ne suffirait pas à tous ceux qui demandent : votre bouche le proteste, mais votre main dit le contraire, oui, votre main, dans son silence, vous accuse de mensonge ; j'en prends à témoin ce diamant qui brille dans votre doigt : ce diamant est le bien des pauvres ! Et vous avez le courage de les renvoyer sans les avoir assistés ! Vous n'appréhendez pas le châtiment que le juste juge réserve à votre barbarie ! Vous n'avez pas eu pitié des autres, vous ne serez l'objet d'aucune pitié. Vous n'avez pas ouvert la porte de votre demeure, la porte du ciel ne s'ouvrira pas pour vous. Vous avez refusé un morceau de pain, vous n'obtiendrez pas la vie éternelle.

» Je jouirai de mes biens pendant ma vie, dites-vous ; après ma mort, je ferai les pauvres mes héritiers. Alors que vous ne serez plus parmi les hommes, vous témoignerez de votre amour pour les hommes ! Il vous reviendra un grand profit de votre humeur libérale quand vous serez couché dans la tombe ! De quel temps, dites-moi, réclamerez-vous la récompense? de celui qui aura précédé, ou de celui qui aura suivi votre dernière heure? Mais tant que vous avez vécu endormi dans la mollesse, vous n'avez pas jeté les yeux sur les pauvres, une fois mort, de quelle action serez-vous capable? On ne négocie plus après que le marché est fermé : on ne couronne pas celui qui n'entre dans la lice qu'après le combat : on n'attend pas la fin de la guerre pour faire preuve de bravoure : après la vie, plus d'œuvres méritoires. »

Le monde lui-même, tout aveugle et tout corrompu qu'il est dans ses maximes ainsi que dans sa conduite, a toujours attaché du mérite et de la gloire à la charité pour les malheureux. Ennemi de la vertu dans tout le reste, toujours prêt à s'en faire un sujet de dérision et à la tourner en ridicule, parce qu'elle fait sa condamnation, il commence à la respecter aussitôt que les malheureux en sont l'objet. Loin de refuser son suffrage à la bienfaisance compatissante, il est le premier à lui applaudir; et n'est-ce pas en affectant les dehors de la charité la plus généreuse que toutes les hérésies, toutes les écoles d'impiété sans exception, ont cherché à répandre leurs perverses doctrines? Qui, de nos jours, exalte plus haut l'amour des pauvres, la fraternité, que les disciples orgueilleux de Saint-Simon et de Fourier?

Les qualités de l'âme les plus brillantes, les plus sublimes, et les dons les plus rares de la nature, susciteront contre vous la malignité de l'envie, qui osera combattre et décrier en public ce qu'elle est forcée de révérer en secret. Il n'en est pas ainsi de la compassion pour les infortunés. C'est une qualité sûre de n'essuyer aucune contradiction, aucune jalousie ; elle n'inspire que l'estime, elle ne fait naître que l'amour. Tous les cœurs volent comme de concert sur les pas d'un riche, dont la main ne s'ouvre que pour donner.

Le grand, le prince, le monarque, en traînant à leur suite une foule rampante de serviteurs et d'esclaves, ne reçoivent le plus souvent que d'hypocrites hommages, commandés par l'intérêt ou par la coutume. L'homme qui ne marche qu'accompagné d'une foule d'indigents et de malheureux obtiendra l'estime générale. Dès qu'on le voit, mille bénédictions retentissent sur son passage, mille bouches demandent au ciel la conservation de ses jours. Sont-ils en péril, ces jours si précieux ? quel trouble ! quelle affliction ! On regardait sa vie comme une faveur du ciel ; on en redoute la perte comme une calamité publique. Le trépas enlève-t-il enfin un mortel si digne de vivre toujours ? ce ne sont point quelques larmes contrefaites qui coulent sur son tombeau, comme sur celui du riche qui n'a vécu que pour lui-même. Autour de son corps, un peuple indigent fait entendre les cris de sa juste douleur. Il redemande son père, sa consolation, son soutien; il se croit enseveli dans le même cercueil. Soupirs, gémissements mille fois plus glorieux que ces superbes monuments où l'orgueil des vivants semble vouloir augmenter le triomphe de la mort. Ces pompes magnifiques, que la mort attache à son char, nous apprennent ce qu'ont possédé, ce qu'ont perdu, et ce que laissent après eux ceux auxquels on les consacre, et non pas ce qu'ils ont fait de bien. Ces éloges funèbres, où l'éloquence la plus ingénieuse est réduite à ne louer que ce qu'auraient dû faire ceux qui en sont le sujet, sont souvent démentis par la voix publique. Mais les larmes des malheureux qui honorent les funérailles du riche charitable sont autant de panégyriques éloquents et unanimes de ses vertus.

———

Si Dieu vous a donné beaucoup de richesses, témoignez-lui-en votre reconnaissance en les partageant avec les pauvres, et ne craignez que de ne pas donner assez. Si vous n'avez pas beaucoup de bien, soyez encore charitable : les moins riches peuvent secourir ceux qui sont dans la nécessité. Il ne faut pas de grands trésors pour être bienfaisant. Tant de personnes ont besoin d'une recommandation, d'une parole consolante, d'un morceau de pain ! « Mon fils, disait le vertueux Tobie, faites l'aumône de votre bien, et ne détournez jamais les yeux d'aucun pauvre : par là vous mériterez que les yeux de Dieu ne se détournent jamais de vous. Soyez miséricordieux, selon l'étendue de votre pouvoir. Si vous avez beaucoup, donnez beaucoup ; si vous n'avez que peu, donnez peu, et donnez-le volontiers. Ce sera un trésor que vous amasserez et une grande récompense que vous vous préparerez pour le jour où vous en aurez besoin. Car l'aumône expie tous les péchés, délivre de la mort éternelle, et elle empêchera l'âme de tomber dans les ténèbres. L'aumône deviendra, pour tous ceux qui la font, le sujet d'une grande confiance devant le Dieu souverain. »

Et en effet, à ce jour redoutable où le juge suprême doit rendre à chacun selon ses œuvres, et surtout selon les œuvres de miséricorde qu'on aura faites ou négligées, avec quelle assurance croyez-vous qu'un homme charitable doive se présenter à son tribunal? Escorté de ses aumônes, accompagné des affligés dont il a essuyé les larmes, des prisonniers qu'il a visités, des malades dont il a soulagé les douleurs; au milieu de ce magnifique et nombreux cortége, il marchera plutôt en vainqueur qui va être couronné qu'en suppliant qui va entendre son arrêt.

O toi qui m'écoutes, cède à mes conseils : donne à tes richesses de libres issues, laisse-les couler jusques aux pauvres comme un fleuve dont l'eau vivifiante se distribue en mille canaux, et porte dans la campagne la fertilité et l'abondance. Ces richesses, Dieu te les a confiées afin que tu les rendes, comme un dispensateur fidèle, à quiconque est dans le besoin. Ne t'expose pas à t'entendre dire au tribunal de Jésus-Christ : « J'ai eu faim, et tu ne m'as pas donné à manger; j'ai eu soif, et tu ne m'as pas donné à boire : retire-toi, maudit; ton partage est avec les démons! » Il t'est facile de changer cette parole terrible en cette autre qui sera si douce à tes oreilles:

« J'ai eu faim, et tu m'as donné à manger ; j'ai eu soif, et tu m'as donné à boire : viens et prends place avec ceux que mon Père a bénis ! »

———

Ne craignez donc point de perdre à proportion que vous êtes plus généreux à l'égard des pauvres. Croyez au contraire qu'il n'y a de perdu pour vous que ce que vous demandez au monde et à vos passions. Voulez-vous que vos richesses passent en l'autre vie et vous y devancent? remettez-les entre les mains des pauvres : eux seuls peuvent les y porter. Vous ne conserverez que ce que vous leur aurez confié ; tout le reste sera perdu pour vous. Donnez-leur ce qui doit vous échapper avec la vie. Au lieu d'amasser des trésors qui peuvent devenir la proie des voleurs, et qui deviendront certainement celle de la mort, amassez des trésors infiniment plus nécessaires, et que rien ne pourra jamais vous enlever. Faites du bien aux pauvres pendant que vous vivez plutôt qu'après votre trépas, parce que le mérite en est beaucoup plus grand, et que c'est en quelque sorte être libéral du bien d'autrui que de ne donner que ce que la mort va contraindre de laisser à d'autres.

Lorsque Dieu sollicite notre charité envers les pauvres, c'est moins pour eux que pour nous : et ce pauvre qui disait : « Faites-moi l'aumône pour l'amour de vous, » parlait très juste. « Renfermez, dit le Sage, votre aumône dans le sein du pauvre, et elle priera pour vous, afin que vous soyez délivré de tout mal ;

elle sera une arme plus forte pour combattre votre ennemi que le bouclier et la lance du plus vaillant homme.

Qu'il est grand, le pauvre, aux yeux de la foi ! Que le monde ne voie plus en lui un être digne de mépris, assimilable à une chose insensible et vénale, comme le jugeaient les païens ; un être sans consistance, sans pouvoir, sans crédit, sans distinction, sans défenseur ; un être qu'on doive brutalement repousser ou tarifer à tant de centimes par jour, advienne de son âme ce que pourra. Non, en embrassant d'amour la pauvreté, en la réchauffant sur son cœur adorable, en se livrant tout entier lui-même à son soulagement, Jésus-Christ a élevé le pauvre à la plus haute dignité de la terre.

Heureux qui comprend cette vérité comme les premiers chrétiens, qui ne connaissaient point de pauvres parmi eux, auxquels saint Paul recommandait non pas d'exercer la charité, mais de ne pas se ruiner en la portant au-delà des bornes ; comme tant de princes et de rois qui se faisaient gloire de servir les pauvres à table et de leur laver les pieds ; tant de riches qui chaque jour d'abord prélevaient leur part, appelée la part de Dieu, et ne les oubliaient jamais dans leurs legs testamentaires !

———

Que si en effet la dureté pour les pauvres produit bien des crimes, n'est-il pas vrai que la charité à leur égard enfante au contraire de nombreuses vertus ?

Lorsque l'aumône va consolider la vertu sous le toit de l'indigent, établir la résignation et l'espérance là où la colère commençait à exhaler le blasphème et l'imprécation ; lorsque l'aumône soutient le faible et l'opprimé, fortifie l'innocence persécutée, encourage le repentir, ravive la foi mourante, rend douce et légère la pesanteur de la croix, empêche, en un mot, sur la terre l'apparition d'un nouveau péché mortel ; lorsqu'enfin elle appelle les bénédictions sur Jésus-Christ et sa sainte Église, quelle n'est pas sa fécondité, sa valeur devant les hommes, et surtout devant Dieu !

Oh ! attache-toi, jeune homme, à ces considérations frappantes, et tu aimeras, et tu soulageras les pauvres avec bonheur, avec enthousiasme. Continue la mission de Jésus-Christ. Certes, le fils bien-aimé de celui qui tirait l'eau du rocher et multipliait la manne au milieu du désert ; de celui qui revêt les lis d'une parure plus éclatante que celle de Salomon dans toute sa gloire ; ce fils lui-même, ce tendre Jésus, qui avec cinq pains rassasiait une multitude affamée, changeait l'eau en vin, interrompait, bouleversait à son gré l'ordre de la nature, aurait bien pu, s'il avait voulu, ôter la pauvreté de la face de la terre, ou pourvoir au moins chaque jour lui-même à ses plus pressants besoins ; mais il a préféré, et cela un peu avant sa mort, laisser à ceux qu'il aima jusqu'à la fin des images vivantes de sa personne adorable. Bénis ce mystérieux décret de sa bonté infinie, et à son exemple tu passeras faisant le bien. Vois toujours le pauvre à travers Jésus-Christ, pour ainsi dire, et tu le traiteras comme tu traiterais cet aimable maître s'il exigeait de toi un service. Oui, s'il était là, te demandant un léger bienfait, compterais-tu avec lui ? te faudrait-il l'applaudissement de nombreux témoins pour lui donner ton travail, ta fortune, ta vie même, j'en suis sûr ? Lorsqu'il était dans l'obscure étable de Bethléem, avec quel bonheur n'aurais-tu pas mollement revêtu ses membres saisis par la froidure, et ne lui aurais-tu pas procuré un asile dans le lieu le mieux abrité de ta demeure ? Lorsqu'il fuyait en Égypte, avec quelle joie lui eusses-tu présenté le pain que réclamait son corps exténué ? Lorsque les bourreaux l'exposaient nu à la vue d'une multitude, qu'il t'eût été doux de voiler cette chair sacrée qu'adoraient les anges ! Lorsqu'enfin, du haut de sa croix, il sollicitait à grands cris un peu d'eau pour étancher sa soif brûlante... oh ! qu'aurais-tu épargné pour soulager ce divin mourant ? Eh bien ! la nudité, la faim, la soif, les infirmités, l'agonie des pauvres, voilà ce qui doit toujours te rappeler Jésus-Christ dans les diverses phases de sa trop courte existence. Prends donc encore la résolution de ne rebuter jamais aucun de ces infortunés, ta main droite ignorant les bienfaits de ta main gauche. En leur donnant, c'est à Dieu, c'est à Jésus-Christ lui-même que tu prêtes, et ne l'oublie jamais !

Ouvrons au hasard les annales glorieuses de la charité pour les pauvres. N'était-il pas inspiré par ces pensées chrétiennes, le dévouement de monseigneur

Daviau, archevêque de Bordeaux? Lorsque les sœurs hospitalières, chargées de l'entretien du linge de son palais, le sollicitaient de leur donner quelque argent pour lui acheter de la toile ou des bas, le prélat leur demandait s'il n'y avait pas d'abord quelque indigent à secourir. Enfin ces bonnes sœurs imaginèrent de lui dire un jour qu'un gentilhomme vieux et infirme s'était tellement ruiné pour les pauvres, qu'il ne pouvait plus se présenter dans le monde, et qu'elles venaient le prier de leur faire une aumône capable de lui procurer certains vêtements convenables et même nécessaires. L'archevêque s'empressa de donner la somme suffisante. Au bout de deux ou trois jours, elles reviennent apportant ces objets. Le charitable prélat se félicitait d'une bonne œuvre, lorsque les sœurs lui dirent : Vous ne savez pas, Monseigneur, quel est le pauvre à qui vous avez fait l'aumône... c'est à vous-même!

Du principe de la charité pour les pauvres découlent des conséquences pratiques d'une haute importance, et nous devons les signaler ici : si votre débiteur est dans la misère, ou qu'il ne puisse actuellement vous payer, et qu'il vous conjure d'attendre encore, n'ayez pas le cœur assez dur pour le refuser et pour le dépouiller du peu qu'il a. Lui accorder quelque délai, ce n'est pas seulement humanité et bienfaisance, c'est intérêt propre et amour de nous-mêmes.

Hommes intéressés et impitoyables, avez-vous oublié que vous serez traités comme vous aurez traité vos frères? Si vous ressemblez à ce mauvais serviteur dont il est parlé dans les saints Évangiles, à qui son maître venait de remettre dix mille talents, et qui eut la dureté de faire mettre en prison un de ses compagnons qui lui devait cent deniers, ne devez-vous pas craindre d'exciter également contre vous l'indignation des hommes et la colère de Dieu, qui n'est pas moins le père que le maître de tous, et qui se déclare hautement le vengeur du pauvre?

Les âmes nobles et généreuses liront avec plaisir ce que fit naguère un pieux évêque. Un gentilhomme devenu pauvre lui devait une somme considérable. Il vint le trouver, et le pria de lui remettre la moitié de cette somme. « Cette moitié n'est plus à moi, lui dit le prélat, dès que vous avez pris la peine de venir la demander; mais puisque vous me laissez la libre disposition de l'autre moitié, trouvez bon que je vous la donne. »

Si votre débiteur est un honnête homme, et que vous le connaissiez pour tel, que risquez-vous? tôt ou tard vous serez payé, et vous n'aurez pas à vous reprocher d'avoir écrasé un malheureux. Si c'est votre ami, en le pressant vous allez perdre son amitié, et avec elle plus que votre argent ne vaut. Si celui qui vous doit est un homme d'honneur, croyez qu'il est plus affligé et plus inquiet que vous de ne pouvoir s'acquitter: il n'est pas si pénible à une personne qui a des sentiments de manquer d'argent que d'en avoir. En lui accordant quelque délai, vous acquerrez ce qui est plus précieux que tous les biens, l'estime des hommes, et un ami reconnaissant. « La bonne réputation vaut mieux que beaucoup de richesses, et l'affection est plus estimable que l'or et l'argent. »

Que ne donneriez-vous pas pour effacer une tache honteuse qui serait imprimée à votre nom? et en est-il une que vous deviez plus craindre que celle de passer pour un homme dur et avare?

———

« Lorsqu'un homme aura travaillé pour vous, disait le vertueux Tobie à son fils, payez-lui aussitôt ce qui lui est dû, et ne retenez pas un moment le salaire de l'ouvrier. C'est un grand crime contre la justice et l'humanité que de différer, de diminuer, ou de refuser à l'artisan le prix de ses peines. L'Écriture le compare à l'homicide. « Celui qui répand le sang, et celui qui prive le mercenaire du fruit de son travail, sont frères. C'est un de ces péchés qui crient vengeance au ciel, et que la justice divine laisse rarement impunis dès cette vie même.

Homme injuste et barbare, voyez ces malheureux ouvriers que vous privez d'un salaire que leurs sueurs ont si bien gagné! Ce que vous leur devez servirait à nourrir leur famille indigente, à continuer leur labeur, ou à satisfaire un créancier qui les presse ; mais vous êtes insensible à leurs cris, parce que votre rang vous met à l'abri de leurs poursuites, ou parce que la crainte d'encourir votre disgrâce, de s'exposer à vos ressentiments, les empêche d'employer contre vous les voies de la justice. S'ils sont forcés enfin d'y avoir recours, vous faites jouer tous les ressorts de votre crédit ou de la chicane pour vous soustraire à leurs trop justes instances, et pour leur lier les mains. Vous vous rendez invisible à tous vos créanciers, ou vous leur faites des promesses toujours infructueuses; semblables en quelque sorte à ces statues creuses qui ne rendent jamais qu'un même et vain son, vous les remettez de mois en mois, d'année en année : heureux encore quand vous ne les renvoyez pas avec dureté et avec menaces !

Henri IV, ce roi digne du trône sous tant de rapports, donna un jour à ce sujet une leçon bien remarquable. Après son entrée dans Paris, des créanciers firent arrêter l'équipage de La Noue. Cet officier s'en plaignit. « La Noue, lui dit publiquement le roi, il faut payer ses dettes ; je paie bien les miennes. » Ensuite, le tirant à l'écart : « Tenez, lui ajouta-t-il, voilà mes pierreries ; donnez-les en gage à vos créanciers, au lieu de votre bagage. »

Combien de jeunes gens n'ont jamais d'argent pour acquitter leurs dettes de justice, et qui en ont ou qui en trouvent toujours pour payer ce qu'ils appellent des dettes d'honneur, dettes contractées par les cafés et les jeux ! comme si le premier honneur n'était pas de satisfaire à ce qu'exige la plus étroite et la plus indispensable justice, et de se refuser des plaisirs qui mettent hors d'état de remplir un des plus justes devoirs. Ils exposeront sur une carte des sommes énormes, et ils n'auront pas de quoi payer des domestiques! ô indignité!

En vain vous verrai-je m'étaler de grands sentiments, vous piquer de générosité et d'honneur : si vous êtes la terreur de vos créanciers, qui n'approchent de vous qu'en tremblant ; le bourreau de vos domestiques, que vous ne payez que d'injures, je ne vous regarde qu'avec horreur. Je vous compare à ces mausolées magnifiques au-dehors, mais qui ne renferment au-dedans que des ossements secs, que corruption et pourriture. Oui, je regarde avec indignation tout cet éclat d'emprunt dont vous brillez et dont l'humanité gémit.

———

J'ai touché en passant une question sur laquelle je dois revenir. Un jour peut-être la Providence vous rendra riches, et confiera à votre charité de pauvres domestiques : retenez donc les ordres et les conseils que la religion vous adresse à ce sujet.

Regardez-vous comme le père de tous vos serviteurs. « Vous leur devez trois choses, dit le Sage : la nourriture, le travail et l'instruction ; » la nourriture, parce que c'est leur droit ; le travail, parce que c'est leur condition ; l'instruction, parce que c'est votre charge. Si vous n'avez pas soin d'instruire et de reprendre vos domestiques, de les occuper, de les bien payer et de les bien nourrir, qu'il est à craindre que vous ne trouviez ou des impies, ou des impudiques, ou des voleurs, dans ceux qui vous servent!

N'injuriez point et ne maltraitez jamais vos domestiques. » Ne soyez pas, dit l'Ecclésiastique, comme un lion dans votre maison, en vous rendant terrible à vos serviteurs, et en maltraitant ceux qui vous sont soumis. « Ne les menacez pas de les mettre à la porte, comme font tant de maîtres hautains. Rien ne les révolte davantage, et ne leur fait perdre plus sûrement l'affection qu'ils pouvaient avoir pour votre service. S'ils ne vous conviennent pas, ou dès que vous reconnaissez qu'ils sont incorrigibles, renvoyez-les sans hésiter, et croyez qu'il vaut mieux vous en défaire un mois plus tôt que d'avoir tout ce mois des impatiences.

Mais si vous jugez qu'ils soient susceptibles de correction et d'amendement, c'est charité de les ramener à leur devoir, et vous le devez. Reprenez-les par des avertissements sérieux et fermes, mêlés pourtant de douceur et de bonté ; punissez-les même s'il le faut, mais faites-le sans emportement : les excès de votre colère ne les corrigeraient pas, et vous rendraient plus coupable qu'eux. On ne croit pas être justement condamné et puni, dit Montaigne, par un juge agité d'ire et de furie.

Distinguez aussi l'ignorance et la fragilité de la mauvaise volonté et de la paresse. Dans ce dernier cas, c'est faiblesse que de souffrir et de tolérer ; dans l'autre, excusez facilement et pardonnez.

Il faut passer bien des petites choses aux domestiques qui sont soumis, affectionnés et fidèles. « Si vous avez, dit le Sage, un serviteur attaché à son devoir, faites-en beaucoup de cas : qu'il vous soit aussi cher que votre vie, et traitez-le comme votre frère. » La sagesse éternelle, qui dispose de la servitude et de la liberté des hommes, l'a mis entre vos mains comme un présent de sa providence et de son amour.

Que votre gouvernement soit comme tout bon gouvernement doit être, un heureux mélange de ménagement et de fermeté, de douceur et de force. La fermeté sans douceur est dureté : elle aigrit, elle révolte, elle porte à secouer un joug qu'elle rend intolérable : la douceur sans fermeté est faiblesse ; elle rend l'autorité méprisable, et lui ôte toute la force qu'elle devrait avoir.

Tâchez de ne faire des réprimandes qu'à propos : moins elles sont fondées, plus elles font de peine ; et il n'est permis, sans juste sujet, de faire de la peine à personne. Il est humiliant d'avoir tort avec qui que ce soit ; il est honteux et dangereux de l'avoir avec ses domestiques. Grondez rarement : les réprimandes n'en seront que plus efficaces. On s'accoutume au bruit comme à tout le reste : vous altéreriez votre santé, et vous n'y gagneriez pas davantage. Vous dégoûteriez de votre service de bons domestiques, et vous les mettriez quelquefois dans le cas de vous répondre des choses désagréables.

Donnez vos ordres en peu de mots, en termes clairs, et d'un ton qui ne soit point trop élevé ni trop familier. Mettez dans vos paroles un peu de civilité pour adoucir à vos domestiques l'humiliation de leur état. Si vous étiez à leur place, comme la chose aurait pu être, comment voudriez-vous qu'on vous traitât? Regardez-les comme des amis malheureux. Mais combien de maîtres ne les regardent au contraire que comme de vils esclaves, destinés à servir leurs caprices !

L'illustre archevêque de Paris, monseigneur de Quélen, se fit remarquer par une bonté et une douceur sans égale pour ses subordonnés et ses domestiques. Jamais on ne lui vit d'humeur contre eux; jamais un de ces moments même de vivacité que tant de maîtres se permettent et se justifient. Il paraissait leur ami plutôt que leur maître, il les regardait comme les compagnons de sa fortune, et non pas comme les jouets ou les ministres de ses volontés et de ses passions. Aussi lui étaient-ils tous infiniment attachés, et leur affection prévenait l'abus qu'ils auraient pu faire de sa bonté. Il avait de bons serviteurs, parce qu'il était bon maître.

Il y a beaucoup de maîtres qui ne font du bien à leurs domestiques ou ne se proposent de leur en faire qu'après la mort. C'est attendre à se faire aimer qu'on ne soit plus en état de goûter le plus doux des plaisirs. C'est réserver le moyen le plus efficace de se faire servir avec zèle pour un temps où l'on n'en aura plus besoin.

Prenez également soin d'eux dans leurs maladies, et ils vous serviront avec amour. Intéressez-vous toujours à ce qui les regarde, à leur établissement, à leur petite fortune, et ils vous seront affectionnés. Veillez sur leurs mœurs, sans être ni leur tourment ni leur espion, et attachez-vous-les par votre douceur et par vos bienfaits. Y a-t-il rien de plus flatteur que de rendre heureux ceux dont on est environné ?

Qu'il est beau le spectacle qu'offrent certaines familles chrétiennes où règnent encore l'innocence et la pureté des mœurs patriarcales ! Familles bénies où le père et la mère n'ont d'autre sceptre que l'amour, les enfants d'autre joug que l'amour, les serviteurs pour premier salaire et pour premier lien que l'amour !

XV. — La Reconnaissance.

La reconnaissance est un devoir non-seulement à l'égard de nos parents, qui sont nos premiers et nos plus grands bienfaiteurs après Dieu, mais aussi à l'égard de tous ceux qui nous ont fait du bien. On se couvre d'ignominie quand on y manque. Il n'y a point de loi pour punir l'ingratitude. Les anciens la mettaient au nombre de ces crimes horribles dont il fallait laisser la vengeance aux dieux ; ils croyaient que les remords qui la suivent et la honte qui l'accompagne en étaient dès cette vie même la juste punition.

Cependant l'ingratitude est un vice aussi commun qu'il est déshonorant. Combien ne voit-on pas même de ces serpents odieux qui, après avoir reçu les secours et les services les plus signalés, cherchent à percer le sein qui les a réchauffés! Monstres d'horreur, dignes de toutes les vengeances du ciel et de toute l'exécration de la terre! Aussi leur crime, quand il est connu, ne manque-t-il pas de les leur attirer.

Dans la plupart des hommes, la reconnaissance n'est souvent qu'extérieure ou passagère. Le sentiment vif que nous avons du bien, lorsque nous le recevons, fait toujours naître dans notre cœur une sorte de reconnaissance; mais elle s'efface peu à peu avec le souvenir du bienfait. Un ancien philosophe, interrogé quelle était la chose qui vieillissait le plus tôt dans l'homme, répondit que c'était le bienfait reçu.

Ne rougissez jamais d'être reconnaissant et de le paraître; soyez-le publiquement quand il convient ou qu'il le faut. C'est souvent une ingratitude de remercier sans témoin.

Il y en a d'autres qui cherchent à s'acquitter promptement, pour avoir le droit d'oublier: pour ceux-ci, la reconnaissance même devient une ingratitude. C'est une espèce de dette qu'ils ont contractée, et dont le souvenir les importune: ils se hâtent de la payer le plus tôt qu'il leur est possible.

Comme le cœur ingrat a ses raisons pour oublier les bienfaits, le cœur intéressé a aussi les siennes pour paraître s'en souvenir, et pour affecter du moins une reconnaissance qu'il n'a pas. La reconnaissance est une vertu fort estimée, et l'on regarde les ingrats avec horreur. Celui qui est humble, qui a quelque soin de sa réputation, n'a donc garde de manquer à paraître reconnaissant. Cela est d'ailleurs profitable, parce qu'on attire ainsi sur soi de nouveaux bienfaits. Il y a, dit-on, du plaisir à faire du bien à cette personne ; elle en est reconnaissante. Cette vertu n'est donc souvent qu'un retour délicat sur nous-mêmes. Que ce ne soit pas là toutefois le mobile de votre bienfaisance.

———

Semblables à ces débiteurs qui paient, non parce qu'il est juste de s'acquitter, mais pour trouver plus facilement des gens qui leur prêtent, la plupart des hommes ne sont reconnaissants que pour avoir de nouvelles raisons de l'être. Aussi ne trouve-t-on guère d'ingrats tant qu'on est en état de faire du bien : la fausse reconnaissance, ainsi que la fausse amitié, ne se fait connaître que lorsqu'on n'a plus rien à donner.

Pour vous, pensez plus noblement : soyez reconnaissant, parce que vous devez l'être. Quoique la plupart des bienfaits soient si intéressés qu'ils ne mériteraient peut-être aucune gratitude, ne cherchez pas à en approfondir les motifs ; n'envisagez que le bienfait en lui-même, et le plaisir qu'on vous a causé : cette façon de voir les choses est plus flatteuse et plus digne d'une belle âme. Quand même des bienfaiteurs auraient eu la maladresse d'affaiblir par la bassesse de leurs vues leurs présents et leurs services, celui qui a vraiment de la probité et de l'honneur ne laissera pas de publier hautement sa reconnaissance.

Si le désir de vous obliger paraît avoir été le principal motif qui les ait portés à vous faire du bien, ne vous bornez pas à une simple reconnaissance. Imitez, si vous le pouvez, ces terres fertiles qui rendent beaucoup plus qu'elles n'ont reçu. Faites pour vos bienfaiteurs tout ce qu'ils doivent attendre de l'homme le plus reconnaissant.

Quelque honteuse que soit l'ingratitude, elle semble être un vice attaché à la condition et à la fortune des grands, parce qu'ils croient que tout leur est dû. La reconnaissance se trouve encore plus rarement dans ces cœurs vils dont le principal mobile est l'intérêt. Mais dans les âmes nobles et généreuses elle fait éclater les sentiments les plus sublimes, et produit les actions les plus héroïques.

XVI. — L'envie.

S'il s'agit d'un homme de bien et d'un honnête homme, il est digne de son bonheur, et vous devez y applaudir. S'il s'agit d'un méchant et d'un malhonnête homme, l'Ecriture nous avertit de ne pas envier la gloire ni les richesses du pécheur. Sa prospérité s'évanouira comme un songe, et séchera comme un torrent ; ou si son bonheur, ce qui est rare, dure aussi longtemps que sa vie, cette félicité ne lui rendra la mort que plus amère et plus terrible. D'ailleurs ce qu'il possède lui a souvent coûté trop cher : il a sacrifié son repos et sa réputation, foulé aux pieds la probité et sa conscience. Voudriez-vous l'acheter à ce prix?

N'enviez donc pas le bonheur des méchants, et ne vous laissez point éblouir par la prospérité passagère du riche orgueilleux. Il vit dans l'abondance ; il semble ne point participer aux misères humaines : enflé de sa grandeur et de sa puissance, il ne songe qu'à jouir des biens d'ici-bas. Il a des entrailles de fer pour le pauvre qui gémit sous le poids de ses maux, et il ne lui donnerait pas même les miettes qui tombent de sa table splendide et délicate. Mais attendez un moment : tout va changer de face. Sa gloire disparaît comme un éclair, et à ses plaisirs succèdent les plus affreux tourments. Le pauvre, au contraire, le juste malheureux qu'il a méprisé, est placé dans le sein de la gloire.

Les richesses, la gloire et les honneurs des autres sont un des plus ordinaires aliments de l'envie ; combien de fois les malheurs publics n'ont-ils pas pris leur source dans les jalousies particulières !

Il n'est plus rien de sacré pour un cœur que l'envie aigrit et infecte. Elle a porté le jaloux Caïn à tremper ses mains dans le sang de son frère ; elle a excité la haine homicide de Saül contre le héros d'Israël, à qui ce prince ne pouvait reprocher que d'avoir trop bien servi la patrie, et d'avoir obtenu des éloges trop justement mérités ; elle a fait commettre le plus grand de tous les crimes, le déicide. On est capable de tout dès qu'on peut être ennemi du mérite et de l'innocence.

On peut quelquefois imposer silence à l'envie par des manières honnêtes et par ses bienfaits, mais on ne la changera point : elle vivra autant que subsistera le mérite qui l'a fait naître. Il semble que l'élévation des autres humilie l'envieux, qu'on le prive des louanges qu'on leur donne, et que les honneurs qu'ils reçoivent sont des injures qu'on lui fait. Aussi n'y a-t-il rien qu'il ne fasse pour répandre sur les bonnes qualités d'autrui des couleurs qui les altèrent ; et, s'il ne peut venir à bout de les obscurcir entièrement, il s'efforcera du moins d'en diminuer l'éclat.

Lorsque le célèbre navigateur à qui nous devons la découverte de l'Amérique annonçait un nouvel hémisphère, on lui soutenait qu'il ne pouvait exister ; et quand il l'eut découvert, on prétendit qu'il l'avait été longtemps avant lui. Ceux qui ne lui contestaient point cette découverte cherchèrent à en diminuer le mérite, en la représentant comme facile. Colomb, se trouvant un jour à table avec une grande compagnie, on eut l'impolitesse de le dire à lui-même. Il proposa à ses envieux, pour les confondre, de faire tenir un œuf tout droit sur une assiette. Aucun d'eux n'ayant réussi, il cassa le bout de l'œuf et le fit tenir. « Cela était bien aisé, dirent les assistants. — Je n'en doute pas, reprit-il ; mais aucun de vous ne s'en est avisé. »

———

La jalousie est ordinairement le triste partage de ceux qui n'ont rien dont on puisse être jaloux. Incapable de tout mérite, l'envie ne peut le souffrir dans les autres ; et aussi aveugle qu'injuste dans ses jugements, plutôt que de le reconnaître et de lui attribuer ses heureux succès, elle en donnera tout l'honneur aux causes les plus pitoyables et les plus ridicules.

Tâchons de faire mieux que ceux qui font bien : c'est la plus belle et la plus glorieuse vengeance que nous puissions exercer contre ceux qui pourraient être l'objet de notre jalousie. La noble émulation fut toujours permise et louable ; l'envie ne le fut jamais. La première est un sentiment courageux qui rend l'âme féconde, qui l'enflamme à la vue des grands exemples, et l'élève souvent au-dessus de ce qu'elle admire. L'autre est une passion basse qui, ne pouvant atteindre à la hauteur des autres, cherche à la rabaisser. On déprime ce qu'on est incapable de faire, parce qu'il est plus facile de mépriser que de surpasser ou d'égaler.

Aussi y a-t-il dans l'envie je ne sais quoi de honteux qui fait qu'on se la cache à soi-même. On tire souvent vanité des passions les plus criminelles, de ses excès, de ses débauches ; on s'en fait même gloire.

parce qu'on est assez aveugle pour se couronner de sa propre honte. Mais l'envie est une passion qu'on n'ose jamais s'avouer. On rougit de l'avoir, et encore plus de la montrer, parce que témoigner de l'envie c'est reconnaître son infériorité ou faire voir la crainte qu'on a d'être effacé; c'est un aveu du bonheur ou du mérite des autres, et un hommage secret qu'on leur rend. L'envie fait honneur à celui qui en est l'objet: sous un mépris apparent, elle cache une estime réelle. Si l'on doit plaindre quelquefois ceux qui excitent la jalousie, parce qu'ils peuvent en devenir les victimes, on doit souvent plaindre encore plus ceux qu'elle épargne, parce qu'elle ne pardonne qu'au vice et à l'obscurité. Thémistocle disait qu'il n'enviait que le sort de celui qui ne fait point d'envieux.

Quoiqu'il n'y ait guère de passion qu'on veuille cacher avec plus de soin, il n'y en a pas qu'on cache moins: l'air et les yeux la décèlent. Il y en a qui, ne pouvant s'empêcher de parler contre ceux auxquels ils portent envie, croient que leur jalousie est bien cachée quand ils disent que ce n'est point l'envie qui les fait parler; mais ils n'en imposent à personne. Il faut avouer, disait un jour une dame, qu'une telle est une sotte femme: « Je n'en parle pas par envie, ajouta-t-elle, car elle n'a rien qu'on puisse lui envier. — Si cela était, reprit quelqu'un, vous n'en parleriez pas. »

En effet, on dit peu de mal d'une personne qui ne mérite point d'être louée: on n'a pas à se venger de sa supériorité. Jaloux de primer et de l'emporter sur les autres, tous ceux qui nous effacent ou qui brillent trop à nos côtés ont le malheur de nous déplaire, et nous ne trouvons aimables que ceux qui n'ont rien à nous disputer.

———

L'envie n'est pas seulement une des plus honteuses passions, c'est encore une des plus cruelles ; elle a elle-même son supplice. Les talents, la réputation, la prospérité des autres, sont autant de vers qui rongent l'homme jaloux et le dévorent en secret. Plus leur gloire et leur fortune croissent, plus son aversion se fortifie et s'allume : elle devient au-dedans de lui comme un poison qui brûle et qui répand l'amertume sur toute sa vie. Aussi tout homme né envieux est-il naturellement triste.

Il faut être bien ingénieux à se tourmenter soi-même pour se faire une peine des avantages d'autrui, et pour tourner contre soi ce qui lui est favorable. C'est cependant ce que fait l'envieux ; il s'afflige de ce qui réjouit les autres, et se réjouit de ce qui les afflige.

Combien n'en voit-on pas qui, fâchés même de la bonne opinion que certaines personnes ont d'elles-mêmes, et jaloux de la satisfaction qu'elles goûtent, ont un plaisir malin à les détromper et à leur faire perdre cette idée qui les flatte et qui ne nuit à personne ? Combien ont l'âme assez mal faite pour envier aux autres jusqu'aux plaisirs les plus nécessaires et les plus innocents ?

Tout le monde connaît cette piquante anecdote :

Le duc de Lauzun, ayant été mis en prison par ordre de la cour, avait trouvé le secret de s'amuser avec une araignée qu'il avait rendue familière. Elle venait manger sur sa main, et s'en retournait ensuite à un trou où elle avait tendu sa toile. Elle était devenue grasse, rebondie, et faisait tout le plaisir du duc de Lauzun. Il la montrait un jour au gouverneur de la citadelle où il était détenu, et il la laissa aller à terre. Le gouverneur écrasa l'insecte avec une joie maligne. Le duc en fut outré : dès qu'il fut sorti de prison, il se plaignit au roi de l'action du gouverneur, qu'il appela barbare. Le roi jugea qu'un homme capable d'envier à un prisonnier un pareil plaisir devait être d'un mauvais caractère ; il lui ôta son emploi.

Voulez-vous vaincre cette odieuse passion de l'envie, agissez comme un marchand dont je vais vous parler :

Il détestait profondément un marchand voisin qui ne l'aimait guère non plus. Cependant, ayant un peu de religion, il comprenait que cela était fort mal. Toutefois il ne savait trop quel parti prendre pour se réconcilier. *Le meilleur moyen*, lui dit une personne pieuse à qui il s'adressa, *c'est, lorsqu'on viendra à votre magasin, et que vous n'aurez pas ce qui convient, de conseiller d'aller chez votre concurrent ; et il le fit.* L'autre, instruit d'où lui venaient ces acheteurs, fut sensible aux bons offices d'un homme qu'il regardait comme son ennemi, alla chez lui pour lui demander pardon de sa haine ; et la religion unit étroitement ceux que l'intérêt et la jalousie avaient divisés.

Et moi j'ajoute que bien souvent, non pas la religion, mais le simple bon sens, le seul sentiment des convenances, devraient produire de semblables résultats.

XVII. — La Médisance, la Raillerie.

Dire du mal des absents, c'est une lâcheté : celui qui parle mal de ceux qui ne peuvent se défendre ressemble à celui qui, les armes à la main, attaquerait un homme désarmé. Mais la médisance n'est pas seulement une lâcheté, c'est une indignité et une bassesse. Si l'on y ajoute la calomnie, c'est un crime noir ; et de la médisance à la calomnie il n'y a qu'un pas. Celui qui se permet l'une y joindra bientôt l'autre. On ajoute, on change presque sans le vouloir. Un fait raconté par dix bouches médisantes n'est plus le même. Tout médisant est donc presque toujours un calomniateur, et tout calomniateur est un fripon et un malhonnête homme.

7.

Celui qui ôte l'honneur, ou qui contribue à le faire perdre, est un meurtrier d'autant plus criminel qu'il ôte injustement ce qui est à un cœur bien né plus cher que la vie. L'empereur Caracalla, qui avait fait mourir des médecins parce qu'ils n'avaient pas abrégé la vie de son père, ayant tué son frère Géta entre les bras de sa mère, sous de faux prétextes, voulut obliger Papinien, le plus célèbre jurisconsulte de son temps, à composer un discours pour excuser ce meurtre devant le sénat et devant le peuple. Mais ce grand homme lui répondit : « Prince, il est plus facile de commettre un parricide que de l'excuser; et c'est un second parricide d'ôter l'honneur à un innocent après lui avoir ôté la vie. » L'empereur, irrité de sa réponse, lui fit trancher la tête. Mais le nom de Papinien est parvenu jusqu'à nous couronné de gloire, et celui de Caracalla couvert d'ignominie.

C'est un grand malheur pour les gens de bien, même les plus irréprochables, d'être exposés aux traits envenimés de la calomnie. Quand elle répand son fiel et son poison, il n'y a rien qu'elle ne ternisse. Si elle ne peut détruire entièrement l'estime et la réputation, elle l'affaiblit et en diminue l'éclat. Elle est comme le feu qui noircit ce qu'il ne peut brûler.

Ces maux que cause la langue médisante, ou sont irréparables, ou ne sont presque jamais réparés. Un coup de langue est bien prompt; mais souvent les blessures en sont mortelles. On ne saurait être trop circonspect dans une matière aussi délicate que celle de la réputation et de l'honneur. Les personnes qui en ont craignent de les faire perdre à ceux qui en sont moins dignes.

L'oisiveté et l'envie de parler font chercher dans la médisance des sujets d'entretien : sans la médisance, combien de personnes n'auraient rien à dire ?

Il y en a aussi qui ne parlent si volontiers des défauts des autres que pour faire croire qu'ils ne les ont point, ou qu'ils n'en ont pas de si grands; mais l'amour-propre est souvent ici la dupe : car on ne manque guère de venger sur leurs défauts ceux qu'ils ont censurés dans les autres. N'invitons pas la malignité à chercher en nous de quoi nous humilier et nous confondre. Il est bien difficile de ne pas lui donner prise par quelque endroit, et il n'y a guère d'occasions où l'on fît un mauvais marché de renoncer au bien qu'on dit de nous, à condition de n'en point dire de mal.

———

Si vous êtes jaloux de votre propre honneur et de l'estime des hommes, ne médisez point. Il y en a qui croient plaire ou briller par ce moyen, mais on les déteste et on les méprise. Et qui le mérite mieux ? car si c'est l'envie ou la haine qui fait parler le médisant, comme il arrive presque toujours, quelle bassesse ! si c'est de sang-froid et sans intérêt qu'il fait, contre les personnes de qui il n'a reçu aucun mal, tout ce que l'emportement et la vengeance pourraient lui suggérer de plus cruel contre des ennemis déclarés, quel caractère noir! De quelque côté donc qu'on envisage le médisant, on ne peut que le mépriser et le haïr.

Le médisant ne plaît qu'à ceux qui ont beaucoup de malignité ou des raisons personnelles ; encore aiment-ils toujours plus la médisance que le médisant. Il leur apprend ce qu'il peut faire contre eux par ce qu'il fait contre les autres ; et qui est-ce qui n'a pas à craindre les traits d'une mauvaise langue? On la hait donc au fond, de quelque caractère que l'on soit. Les gens malins, ennemis ou jaloux, ne l'écoutent que pour en nourrir leur malignité, leur haine ou leur envie; et ils la percent à son tour des mêmes traits dont elle a percé les autres. Les gens de bien qui réfléchissent sur l'indignité de ces sortes de discours se bouchent les oreilles pour ne pas les entendre : ils s'indignent contre celui qui leur apprend ce qu'ils ne voudraient pas savoir.

———

Ce n'est pas assez de ne point médire, on doit encore fermer l'oreille à la médisance. Celui qui l'écoute est presque aussi coupable que celui qui la dit. « Faites comme une haie d'épines à l'entrée de vos oreilles, et n'écoutez pas la méchante langue. » Le plus sûr moyen de lui imposer silence est de ne pas l'écouter. « Le vent d'aquilon dissipe la pluie, dit Salomon, et le visage triste fait taire la langue médisante. » Une personne voulant dire à une autre quelque chose de très-défavorable sur le compte et au désavantage du prochain, celle-ci lui fit ce compliment qui la surprit, et qui ne lui plut guère : « Il y a déjà longtemps que je me suis mis en position de n'entendre jamais mal parler de qui que ce soit. Si vous avez quelque chose de bon à me dire de la personne en question, je l'écouterai avec plaisir ; sinon, je vous prie de me dispenser d'une audience qui me ferait peine. »

Ceux qui ont autorité sont obligés de fermer la bouche au médisant. Tout le monde connaît les vers que l'illustre évêque d'Hippone avait écrits sur le seuil de sa porte :

> Quiconque des absents déchire la conduite,
> Doit regarder pour lui cette table interdite.

« Ne permettez pas, disait saint Louis à son fils, que personne ait la hardiesse de prononcer devant vous aucune parole qui puisse porter personne au péché, ni d'attaquer par la médisance la réputation des autres, soit qu'ils soient présents ou absents. » Louis XIV, qui avait toutes les qualités d'un grand roi, ne s'était pas seulement interdit la médisance, toujours indécente dans la bouche d'un prince, mais il la désarmait lorsqu'elle osait paraître devant lui. Un petit-maître, voulant jeter un ridicule sur l'incapacité d'un jeune seigneur, dit à ce prince qu'on ferait un gros livre de ce que ce seigneur ne savait pas. Le roi, prenant un air sévère, dit à ce railleur : « Et l'on en ferait un fort petit de ce que vous savez. »

Si vous avez entendu quelque parole contre la réputation du prochain, gardez-vous de la répéter, et, comme dit l'Esprit saint, faites-la mourir en vous-même. Le mal que nous apprenons des autres doit être enseveli chez nous, quand il n'y a pas de pressante nécessité à le redire. Lorsqu'on disait à la vertueuse reine de France, épouse de Louis XV, quelque chose qui blessait l'honneur du prochain, elle refusait d'abord de le croire. La chose devenait-elle publique, elle excusait ou plaignait la personne, et n'en parlait plus.

On ne doit pas moins respecter la mémoire des morts que la réputation des vivants. On parlait, en présence de milord Bolingbroke, de l'avarice dont le duc de Marlborough avait été accusé, et l'on citait des traits sur lesquels on en appelait au témoignage de Bolingbroke, qui avait été l'ennemi déclaré du duc. « C'était un si grand homme, répondit Bolingbroke, que j'ai oublié ses vices. »

———

Il est si rare et si difficile de rire des autres sans les choquer, qu'il vaudrait mieux s'en abstenir entièrement. L'amour-propre est si délicat qu'il est presque impossible de le toucher sans le blesser, à moins qu'on ne le fasse avec beaucoup de légèreté et de prudence. Il faut que le badinage soit mêlé de tant d'égards et d'estime, que la personne qui en est le sujet en soit moins offensée que flattée.

On doit aussi bien examiner ceux avec qui l'on badine. Les grossiers, les ignorants et les sots sont toujours prêts à se fâcher et à croire qu'on se moque d'eux ou qu'on les méprise. Il ne faut jamais, dit La Bruyère, hasarder la plaisanterie, même la plus douce et la plus permise, qu'avec des gens polis ou qui ont de l'esprit. En général, il faut rarement badiner. Il est vrai que le badinage, quand il est juste, léger et finement adressé, est le sel de la conversation, qui devient insipide et ennuyeuse quand on n'y rit pas. Mais trop de ce sel, dit l'auteur des Conseils de la Sagesse, vaut moins que point du tout; et en ce genre le trop n'est pas loin du peu. Il faut bien de la prudence pour se tenir dans la modération, et pour ne point passer jusqu'à l'excès; il faut bien du jugement pour ne rien dire de déplacé, et beaucoup d'attention sur ses paroles pour ne pas laisser échapper le moindre mot qui puisse blesser.

Ne vous mêlez donc pas de rire ni de jouer avec les autres si vous n'êtes extrêmement sage, et si vous n'avez l'art de le faire discrètement et avec grâce. Usez d'une grande circonspection : observez soigneusement l'humeur, le temps, le lieu et les occasions : ce qui est bien reçu aujourd'hui ne le sera pas demain. Assaisonnez le badinage avec une louange : en mettant de son parti l'amour-propre des autres, on est sûr de ne jamais déplaire. Mais c'est là précisément ce qu'on ne fait pas. Les badinages les plus doux, les plus modérés, les plus innocents, dégénèrent ordinairement. Parmi les traits que décoche une humeur enjouée, il y en a toujours quelques-uns de plus perçants qui pénètrent jusqu'au cœur. Il en est de ces jeux d'esprit comme des jeux de mains.

On gagne souvent beaucoup à supprimer un bon mot, et l'on s'expose toujours à en risquer un dangereux. Ne faites jamais aucun badinage qui puisse déplaire; et, quel qu'il soit, n'en faites pas souvent, de peur d'en contracter l'habitude. On dit quelquefois bien des sottises quand on veut faire le rieur et le plaisant

Celui qui aime à plaisanter ne sera pas longtemps estimé; s'il y joint la raillerie, comme il arrive ordinairement, il se rendra méprisable et odieux. Le plus mauvais de tous les caractères est celui de railleur. Il se fait beaucoup d'ennemis, et n'a aucun ami. Souvent même il change les meilleurs amis en ennemis irréconciliables.

On pardonne, on rend quelquefois son amitié à ceux qui ont fait quelque injustice ou quelque affront; mais la raillerie est de toutes les injures celle qui se pardonne le moins, parce qu'elle est le langage le plus certain du mépris. Elle porte à l'amour-propre le coup le plus sensible, parce qu'elle nous ôte la bonne opinion que nous avons de nous-mêmes, et qu'elle nous veut rendre ridicules aux yeux des autres et à nos propres yeux. La raillerie n'est qu'une injure déguisée; et ce qui la rend encore plus humiliante, c'est qu'en même temps qu'elle nous abaisse, elle semble élever celui qui raille au-dessus de nous; elle le constitue alors en ce moment, en quelque sorte, notre supérieur et notre maître.

La raillerie est toujours mal reçue de celui à qui

elle s'adresse, et elle déshonore celui qui se la permet.

Plus on est élevé au-dessus des autres par son rang, moins on doit se permettre la raillerie, parce qu'elle est plus cruelle. Il y a d'ailleurs peu de gloire à espérer de ces badinages piquants, et beaucoup de honte à craindre en s'exposant à une repartie d'autant plus humiliante qu'on devait moins se mettre dans le cas de la mériter.

Le ton moqueur et méprisant est dangereux : on s'expose à entendre des paroles fort offensantes.

Il y a des gens qui ne peuvent parler sans railler, ni railler sans offenser. Leurs mots âcres et mordants, leurs railleries mêlées de fiel et d'absinthe, les rendent odieux. Car si l'on rit quelquefois d'un trait satirique et piquant, on déteste presque toujours ceux qui se le permettent.

Il y a de la puérilité et de la sottise à se railler de la difformité du corps.

XVIII. — La Discrétion.

Si quelqu'un vous témoigne assez de confiance pour déposer son secret dans votre sein, vous devez en être flatté; et il faut le garder plus scrupuleusement que ce qui vous concernerait et ce qu'il vous importerait le plus de cacher. Des courtisans disaient au favori d'un prince : « Qu'y a-t-il de nouveau? et que vous a dit le roi aujourd'hui? car il ne se fie qu'à vous. — Pourquoi donc, leur répondit-il, me le demandez-vous? »

De tous les secrets, ceux qu'on doit garder avec le plus de soin ce sont ceux de l'État et des intérêts publics ou des familles, parce que leur violation a d'ordinaire de plus grandes suites; et c'est toujours au moins une imprudence de les demander à ceux qui en sont les dépositaires.

Que jamais rien au monde ne vous engage à trahir la confiance qu'on a eue en vous. Soyez fidèle à ceux qui ont cru que vous l'étiez. Souvenez-vous que le secret doit être mis au rang des choses les plus sacrées; qu'une des premières lois de la société est de taire ce qui ne doit pas être révélé, et que nous ne sommes pas en droit de disposer d'un bien dont nous ne sommes que les dépositaires.

Gardez aussi inviolablement les secrets de l'amitié.

« Celui qui découvre les secrets de son ami, dit le Sage, perd sa confiance, il ne trouvera jamais d'ami selon son cœur. Si vous révélez ses secrets, c'est en vain que vous tâcherez de le regagner : vous irez inutilement après lui, car il est déjà bien loin ; il est échappé comme une chèvre qui se sauve du filet, parce que son âme est blessée. » On peut encore se réconcilier après des injures ; mais lorsqu'on est assez malheureux pour révéler les secrets de son ami, il ne reste plus aucune espérance de retour.

Un homme infidèle au secret ne sera jamais aimé ni estimé de personne ; et ceux mêmes qui l'ont fait parler seront les premiers à le mépriser. Les moindres fautes en ce genre sont, pour ainsi dire, des crimes irrémissibles : on les punit de la manière la plus sensible à une personne qui n'a pas perdu tout sentiment ; c'est qu'on ne lui donne jamais plus l'occasion d'y retomber. Lorsque vous laissez sortir de vos lèvres le secret de votre ami, croyez que l'amitié, la fidélité, l'honneur, la sagesse et la justice sortent de votre âme en même temps.

On peut manquer au secret de plusieurs façons. Soyez donc toujours sur vos gardes, pour ne rien dire et même pour ne rien faire qui puisse le découvrir. Il y a des gens qui promettent le secret, et qui le révèlent sans le savoir ; ils ne le disent point, et on le lit sur leur front et dans leurs yeux.

D'autres ne disent pas expressément la chose qu'on leur a confiée, mais ils parlent et agissent de manière qu'on la découvre de soi-même.

Souvent aussi c'est manquer au secret que de faire entendre qu'on en est ou qu'on en a été le dépositaire. Il ne faut pas même qu'on sache que nous avons eu une chose sous le secret, ou que nous l'avons encore. Un secret soupçonné est plus qu'à demi révélé.

Il y en a qui s'imaginent n'avoir pas manqué au secret, parce qu'ils ne l'ont dit qu'à une personne et même à un ami. Mais on ne le leur avait pas confié avec la permission de le dire à cette personne, et puis il est rare que ces sortes de confidences ne passent pas encore plus loin. Quelqu'un vint raconter à un autre une chose qu'on lui avait dite sous le secret, et lui recommanda de n'en point parler. « Soyez tranquille, lui dit l'autre, je serai aussi discret que vous. »

Il y a des moments bien critiques pour le secret : on a besoin alors de toutes les réflexions de sa raison et de toute la force de son esprit pour le retenir.

Ce n'est pas assez de tenir caché ce qui nous a été confié sous la condition du secret. La conversation et la société emportent une convention générale et tacite qui oblige à taire tout ce qui peut être préjudiciable en quelque manière à celui qui l'a dit.

Quoique le secret doive être ordinairement inviolable, il y a néanmoins des cas où l'on peut, où l'on doit même le révéler. S'il doit nuire à l'innocence, s'il couvre un dessein criminel, ne craignez point de le découvrir à la personne qui en serait la victime, ou à ceux qui peuvent y mettre obstacle.

XIX. — La Prudence.

Les plus prompts à décider sont presque toujours ceux qui ne devraient décider jamais ; moins on sait, plus on décide vite : c'est ce qu'on voit tous les jours en fait de science et de religion. Des hommes vains et superficiels, qui n'ont pour toutes connaissances qu'un peu plus de témérité que les autres, tranchent, décident sur des points qui demanderaient, pour être discutés, approfondis, une étude suivie, et des connaissances qu'ils n'auront jamais.

Dans toutes les matières, il est plus aisé de juger et de prononcer que de peser et d'examiner les raisons qu'on aurait de le faire ; et cependant n'est-ce pas ce que prescrivent la raison et la sagesse ? Plus l'objet est important et peut avoir de grandes suites, plus on doit y apporter un mûr examen.

Juges de la terre, magistrats qui tenez entre vos mains la fortune et la vie des autres hommes, c'est à vous surtout que convient la maxime de ne rien décider qu'après l'avoir bien pesé. Vous ne devez ni prononcer légèrement, ni condamner sans les plus fortes preuves ; et vous en rendrez compte à celui qui jugera les justices mêmes. Combien néanmoins y en a-t-il qui, ou distraits, ou las de prêter une attention suivie, jugent presque au hasard, et se mettent ensuite peu en peine de réparer les torts qu'a causés leur négligence !

———

Il est une autre sorte de tribunaux où l'on décide encore plus souvent avec bien de la légèreté et sans connaissance de cause. Ce sont tous ces tribunaux particuliers où l'on cite la conduite et les actions des autres, et où l'on prononce tant de jugements aussi injustes que précipités. Chacun a droit à sa réputation et à l'estime générale, et il ne peut perdre ce droit que par des faits certains et indubitables. Mais notre légèreté ne veut pas se donner la peine d'examiner : notre orgueil, qui cherche toujours à s'élever au-dessus des autres, aime à les trouver vicieux ou coupables, et notre malignité naturelle aime à supposer qu'ils le sont. On juge, on prononce, on condamne sur les plus légères apparences, sur le rapport d'une personne mal instruite, ou ennemie, ou prévenue, ou jalouse, et l'on oublie cette belle maxime dictée par la sagesse ou par l'équité naturelle : « Gardez toujours une oreille pour l'accusé. »

Ne blâmez personne, dit le Sage, avant de vous être bien informé. Ne condamnez pas avant d'avoir entendu la partie elle-même, et suspendez toujours votre jugement jusqu'à ce que vous soyez pleinement instruit de la vérité. Si vous ne pouvez excuser l'action, excusez-en les motifs. Exposez-vous plutôt à vous tromper en faveur du prochain qu'à son désavantage. Quelle consolation, à la mort, de pouvoir se rendre le témoignage que se rendait un homme de bien ! Il vit arriver sa dernière heure avec une joie et une tranquillité qui étonnaient. On lui en demanda la cause. « C'est, répondit-il, parce que je ne me souviens point d'avoir jamais mal parlé ni jugé téméraiment de personne, et Jésus-Christ nous a promis dans l'Evangile que, si nous ne jugions pas, nous ne serions pas jugés. »

Quoiqu'il soit toujours beau de penser juste et de ne pas donner dans l'erreur, si la témérité de nos jugements ne portait que sur des choses indifférentes, il ne serait pas du moins si dangereux de nous tromper. Mais ils ont ordinairement pour objet l'honneur du prochain, la religion, les mœurs, et les autres choses les plus importantes de la vie civile. Nous ne saurions donc trop nous appliquer à découvrir les choses qui égarent si souvent notre raison, afin de nous tenir sur nos gardes, et de nous en garantir.

———

Une des premières et des plus fécondes sources des faux jugements que nous portons, est sans doute l'amour-propre, l'intérêt, ou quelque autre passion. Nous jugeons presque toujours des choses, non en elles-mêmes, mais par rapport à nous. Comme notre amour-propre nous fait croire que nous avons plus de sagesse et de raison que les autres, tout ce qui ne s'ajuste pas à nos vues et à nos lumières trouve auprès de nous sa condamnation et sa censure.

Ainsi c'est presque toujours l'intérêt secret et honteux des passions qui décide des jugements qu'on porte contre la religion. Mais il est sur ce point, comme sur bien d'autres, deux excès également à éviter : la crédulité aveugle qui croit tout, et l'incrédulité superbe qui ne croit rien. L'amour du merveilleux, l'ignorance, la faiblesse de l'esprit humain, sont la cause de la crédulité. L'incrédulité est l'effet de la corruption du cœur, d'un orgueil avide de distinction ; c'est du moins la suite d'une mauvaise philosophie et un abus de la raison. On s'en fait pourtant un honneur et un trophée, comme d'une preuve qu'on a une plus grande force d'esprit ; et l'on ne fait pas réflexion que, sans examen, il est aussi aisé, et plus déraisonnable même, de ne rien croire que de tout croire.

L'homme sage sait, entre ces deux écueils, tenir le milieu. Il pense avec raison que, s'il y a peu de discernement et de prudence à recevoir légèrement tous les faits miraculeux qu'on raconte, il y a beaucoup d'imprudence et d'impiété même à rejeter ceux qui sont revêtus de preuves authentiques. Il aime mieux se tromper peut-être quelquefois, en croyant pieusement ce qui tend toujours à honorer Dieu, que de s'exposer à lui faire injure en refusant de reconnaître ses œuvres. Ainsi il croira sans peine les merveilles que le Tout-Puissant a opérées par ses Saints, dans tous les siècles, lorsque des auteurs judicieux et sagement critiques les rapportent.

Les esprits forts, qu'on n'appelle ainsi, dit La Bruyère, que par ironie, déterminés à nier tous les faits merveilleux qui peuvent faire honneur à la religion, se raillent d'une religieuse croyance ; mais ont-ils donc plus de lumières et de savoir que les autres? Se sont-ils mis en état, par une étude profonde et sérieuse, de prononcer sur cette importante matière avec une parfaite connaissance de cause? Et ne sont-ce pas, pour la plupart, des échos subalternes de l'impiété, qui, uniquement occupés de leurs plaisirs, seraient bien fâchés d'avoir des moments de reste pour examiner avec attention ce qu'ils ne se soucient pas de connaître? Ils ont pris une voie plus courte, plus commode, et qui fait sans doute beaucoup plus d'honneur à leur jugement : c'est de dire qu'ils ne croient aucun miracle, parce qu'il n'y en a jamais eu.

———

Jeune homme, voulez-vous vous éviter bien des fautes, vous concilier l'estime des hommes, et conserver en toutes vos démarches le consolant témoignage d'une conscience pure? retenez cette pensée de nos saints livres :

« Ceux qui font tout avec conseil, dit le plus sage des rois, sont conduits par la sagesse. » A tout âge, en tout état, sur toute matière, on peut tirer un grand fruit des conseils des autres. Quelque habile et quelque éclairé qu'on soit, on est souvent pour ses propres affaires comme un médecin malade qui a besoin d'en consulter d'autres. »

Habituez-vous à demander conseil, et prenez pour

maxime de ne jamais rien faire de tant soit peu grave sans avoir consulté. Plus les intérêts sont grands et les suites importantes, plus le conseil est nécessaire. Un conseil sage empêche souvent de faire de grandes fautes. Tandis que la passion tient nos yeux attachés à regarder notre but, nous ne voyons pas ce qui est autour de nous et ce qui nous suit : un ami fidèle et éclairé nous le fait voir.

Lorsque vous demandez conseil, faites-le sincèrement : car bien des gens ne consultent que pour avoir des approbateurs. Ils ne demandent un avis que quand ils se promettent de l'avoir tel qu'ils le souhaitent. Pour vous, soyez bien sincèrement disposé à bien recevoir les conseils qu'on vous donnera, quelque contraires qu'ils soient à vos vues, quelque peu flatteurs, quelque durs même que vous les trouviez. Laissez une entière liberté de vous dire franchement ce qu'on pense ; autrement il est inutile de consulter. Appelle, qui fut le plus grand peintre de l'antiquité, et dont les tableaux étaient des chefs-d'œuvre, les exposait aux yeux du public après les avoir finis, et se cachait derrière, afin, disait-il, d'entendre la censure sincère qu'on en ferait et d'en mieux connaître les défauts.

> Tel vous semble applaudir qui vous raille et vous joue :
> Aimez qu'on vous conseille, et non pas qu'on vous loue.

Beaucoup de gens se font une mauvaise honte de se soumettre aux avis des autres, et un faux honneur de ne se gouverner que par eux-mêmes. Un prince disait qu'il aimait mieux faire une sottise de son cru qu'une belle action par l'avis d'un autre. En parlant ainsi, il faisait moins son portrait que celui de bien des hommes, et surtout des jeunes fats qui n'aiment ni à demander des conseils ni à en recevoir, parce qu'ils croient toujours penser mieux que les plus sages et les plus éclairés. Mais on fait bien des fautes lorsqu'on est jeune et qu'on ne prend conseil que de soi-même. « Mon fils, répète le Sage, ne faites rien sans conseil, et vous ne vous repentirez point de ce que vous aurez fait. »

Il n'y a que l'insensé qui se fie à lui-même. Moins on a d'esprit et de capacité, plus on est d'ordinaire orgueilleux et suffisant. On se persuade qu'on en sait plus que les autres. On croirait s'abaisser et faire l'aveu de son infériorité si l'on consentait à suivre les conseils qu'un autre aurait donnés.

Ce défaut paraît peu de chose dans son principe ; cependant les effets en sont terribles. De là naissent la présomption, la bonne opinion de soi-même, l'attachement opiniâtre de nos sens : vices qui annoncent la petitesse d'esprit, la fatuité, la sottise. De là les faux jugements, les mesures mal prises, les démarches inconsidérées, qui souvent ont pour résultat la honte et le ridicule. Les plus mauvais sujets ne sont devenus tels que pour avoir refusé d'entendre et de suivre les conseils des personnes qui les portaient au bien. Tandis que Néron suivit les sages conseils de Burrhus et de Sénèque, tout l'empire retentit de ses louanges ; mais dès que la flatterie l'eut corrompu, il devint l'exécration de l'univers.

Écouter avec joie les conseils et les remontrances des personnes plus âgées est la marque d'un esprit bien fait qui aspire à la perfection. Faites-vous donc toujours un honneur et un devoir de prendre et de suivre les bons conseils de ceux qui ont plus de sagesse et d'expérience que vous. L'expérience qu'on n'acquiert que par ses fautes est un maître qui coûte trop cher. N'imitez pas ces jeunes gens qui ne deviennent sages qu'après s'être épuisés à faire des folies ; qui, dans tout ce qu'ils ont à faire, ne consultent jamais qu'eux-mêmes, ou ne consultent que des jeunes gens comme eux, et ne trouvent de personnes de bon sens que celles qui sont de leur avis.

Défiez-vous de vous-même et de votre jugement ; mais ne vous fiez pas à toutes sortes de personnes, ni à toutes sortes de conseils. Tous ceux que l'on consulte vantent leurs avis ; mais tous les avis ne sont pas également bons : les démêler et les bien connaître est le chef-d'œuvre de la prudence ; et il n'y a peut-être pas moins d'habileté à savoir discerner un bon conseil qu'à se bien conseiller soi-même.

Si celui qui vous a donné un conseil se choque de vous en voir suivre un autre, il vaut mieux qu'un seul homme s'offense injustement que de donner à plusieurs de justes raisons de se plaindre. Il est des gens qu'il est fâcheux d'avoir consultés quand on ne sait pas leur avis : ils s'en choquent et en font des reproches. Cela doit vous rendre attentif à bien connaître les personnes avant que d'ouvrir votre cœur.

———

La première qualité que doivent avoir ceux dont on recherche le conseil, c'est la prudence. Adressez-vous donc à des personnes sages, habiles dans la matière qui doit faire le sujet du conseil, et par préférence consultez les vieillards : le conseil leur appartient, et l'exécution à la jeunesse.

Une seconde qualité qui n'est pas moins essentielle dans les conseils, c'est le désintéressement : il est assez rare, et l'on doit sur ce point se défier quelquefois de ses enfants, de ses domestiques, de ses amis mêmes. Quelque fidèles que vous paraissent ceux dont vous prenez les avis, en écoutant leurs sentiments, ayez soin d'éclairer leur cœur et de pénétrer leurs intentions. Sachez quels sont leurs besoins, leurs inclinations, leurs intérêts. Tel paraît vous conseiller uniquement pour votre bien, qui ne vous conseille que pour le sien. Combien d'affaires entreprises par des conseils de cette sorte ont ruiné l'entrepreneur et enrichi le conseiller !

Pour ne pas tomber dans les piéges si communs de ces conseillers infidèles, prenez, dit l'Ecclésiastique, pour guide ordinaire un homme vertueux, rempli de la crainte de Dieu, qui vous aime, et qui, lorsque vous avez fait un faux pas dans les ténèbres, prendra part à votre accident. Affermissez-vous vous-même dans une conscience droite, et qui vous porte au bien :

car vous n'aurez point de meilleur conseiller qu'elle. « Mais, sur toutes choses, priez le Très-Haut de vous conduire dans le droit chemin de la vérité. »

C'est aussi ce que le pieux Tobie recommandait particulièrement à son fils. « Vous êtes jeune, mon fils, lui dit-il, et vous auriez encore longtemps besoin de conseils, quand même il y aurait un âge où l'on pourrait s'en passer. Choisissez bien ceux de qui vous les prendrez. Consultez un homme sage, et ne faites rien d'important sans son avis. Mais cette précaution, toute nécessaire qu'elle est, ne suffirait pas sans le secours du Seigneur et sans ses lumières. Conjurez-le donc d'être lui même votre guide dans vos voies, et ne comptez que sur lui dans l'exécution de vos desseins. »

Pour vous diriger sagement dans vos affaires secrètes et importantes, faites ce que font, à l'égard d'un confesseur, les personnes qui veulent être bien conduites dans l'affaire du salut : suivez l'avis du Sage, et choisissez un conseiller entre mille.

Ne consultez pas ordinairement beaucoup de personnes. La multitude des conseils, ainsi que le grand nombre de recettes dans les maladies, remplit d'incertitudes et d'irrésolutions ; on ne sait plus ce qu'on doit faire, parce qu'on a voulu trop le savoir. Bornez-vous donc, pour l'ordinaire, à prendre conseil de quelques personnes éclairées et d'une probité connue, qui vous soient sincèrement attachées, qui connaissent vos vrais intérêts et qui les aiment.

Consultez volontiers, et conseillez difficilement. S'il est aisé de donner des conseils, il ne l'est pas également d'en donner de bons. Combien de fois aussi n'arrive-t-il pas que ceux qui paraissent les meilleurs ont des suites funestes qu'on aurait pu naturellement prévoir; et quoiqu'on ne doive pas toujours juger des conseils par l'événement qui peut tromper les vues les plus prudentes de la sagesse humaine, il est toujours désagréable d'avoir été la cause même innocente du malheur de son ami.

Ne donnez les vôtres qu'avec beaucoup de discrétion. La charité engage, la justice oblige, en certaines rencontres, à prévenir, lorsque nous le pouvons, les folies ou les malheurs du prochain : l'Ecriture nous avertit de ne pas retenir la parole qui peut lui être salutaire, et de ne point cacher notre sagesse.

Mais cette sagesse elle-même doit nous conduire et présider aux conseils utiles que nous donnons, afin de ne les donner qu'à propos quand on nous les demande ou qu'on est disposé à les bien recevoir. N'ayez donc pas, comme quelques-uns, la vanité ou la fureur de donner des conseils à tout le monde et en toute occasion. Les conseils, ainsi que les louanges, sont peu estimés quand on les prodigue.

En général, et à moins que vous n'y soyez obligé, si l'on ne vous demande pas votre avis, ne le donnez point, et ne soyez pas fâché que l'on consulte d'autres que vous. Les plus sages conseils ne réussissent pas toujours; et le blâme, quoique injuste, ne retombera pas sur vous seul. Vous aurez quelquefois donné trop légèrement des conseils décisifs sur la fortune, sur le choix d'un état de vie, sur un engagement où la liberté ne se recouvre point ; et toute la vie vous serez tourmenté par vos propres regrets, ou par les reproches des personnes que vous aurez rendues malheureuses.

Ce n'est pas néanmoins, lorsqu'on vous demande un conseil, et que vous êtes en état de le donner, que vous ne puissiez et ne deviez le faire en bien des occasions. On doit se prêter à conseiller et à diriger ceux qui ont besoin de lumières et de secours, comme on doit faire l'aumône à ceux qui se trouvent dans la nécessité.

Mais, qui que ce soit qui vous consulte, ne craignez pas de lui faire connaître son devoir. Que nulle considération humaine ne vous porte à déguiser vos sentiments. Ayez le courage de dire, même aux grands, non ce qui leur plairait, mais ce qu'ils doivent faire ; ne soyez jamais assez lâche pour trahir la vérité ; et ceci nous amène naturellement aux réflexions qui vont suivre.

XX. — La Vérité et la Fidélité dans les paroles.

La vérité est le premier devoir de l'homme en société. La parole a été donnée aux hommes pour se communiquer leurs pensées : c'est aller contre l'institution de la nature que de la faire servir à la duplicité et au mensonge. Quelle confiance les hommes pourront-ils avoir entre eux si la vérité est bannie de la société, et si la langue, destinée à être l'interprète fidèle du cœur, n'en est plus que le voile trompeur qui le cache et le déguise ?

Que l'homme vrai est précieux dans le commerce de la vie ! Avec lui on peut régler ses jugements, ses sentiments, ses démarches ; son amitié n'est point équivoque ni trompeuse ; sa bouche est l'organe de la vérité, et jamais le mensonge n'a souillé ses lèvres.

Mais il faut convenir qu'un tel homme est bien rare. La vérité est simple et ingénue, et nous voulons du spécieux et de l'ornement. Elle vient du ciel toute faite, pour ainsi dire, et dans toute sa perfection, et nous n'aimons que notre propre ouvrage, la fiction et la fable ; ou, comme dit un auteur célèbre, qui par la multitude de ses erreurs en tout genre l'a prouvé plus que personne :

Le vrai nous vient du ciel, l'erreur vient de la terre.
VOLTAIRE.

Voyez le peuple : il controuve, il augmente, il charge les faits par grossièreté et par sottise. Dans le grand monde, toutes les sociétés sont empoisonnées par le défaut de sincérité et de droiture ; les entretiens n'y sont le plus souvent que des mensonges cachés sous les dehors de l'amitié et de la politesse. Les politiques font du déguisement et du mensonge leur étude ; plusieurs en font leur plaisir, et d'autres leur métier. Pour vous, faites-en tout ce qu'en ont fait les grands hommes, l'abomination de votre cœur. Regardez, avec le Sage, le mensonge comme une tache honteuse et un opprobre. « La vie des menteurs, ajoute-t-il, est une vie sans honneur : leur confusion les accompagne sans cesse. »

L'honnête homme, le vrai chrétien, ne méprise pas seulement le mensonge, mais il le hait, il le déteste, parce qu'il sait que le Dieu qu'il adore est la vérité même, et que les lèvres menteuses lui sont en abomination. Haïssez le mensonge, et quoique dans les compagnies on l'appelle le plus innocent des péchés, appelez-le partout le plus honteux et le plus indigne d'un homme d'honneur. Ne vous permettez même jamais de le mêler à dessein dans les faits que vous racontez, pour les rendre plus agréables. Quelque ornement que vous puissiez lui donner, croyez qu'il ne saurait être que très-déplacé dans votre bouche.

Quand une personne a la réputation d'être vraie, on jurerait sur sa parole que ce qu'elle dit a toute l'autorité du serment.

La bouche qui ment donne la mort à l'âme. Le faux

témoin ne demeurera pas impuni, et celui qui dit des mensonges périra.

Ceux qui se font un jeu et une habitude de manquer de sincérité dans les petites choses, s'exposent à en manquer bientôt dans les grandes. L'habitude rend aisé et même agréable ce qu'on faisait d'abord avec peine et avec répugnance. Craignez donc de contracter un vice qui vous attirerait le mépris non-seulement du Seigneur, mais des hommes. Car le monde, tout faux et tout corrompu qu'il est, ne saurait s'empêcher de rendre hommage à la droiture, et ceux mêmes qu'elle a offensés finissent par l'admirer. On déteste les fourbes et les cœurs doubles; on estime les hommes droits et sincères; on aime la candeur et la franchise.

La candeur est la marque d'une belle âme qui se montre telle qu'elle est; la franchise est celle d'une âme noble qui aime la vérité, et qui ne craint pas de se déclarer pour elle : l'une est l'autre sont l'expression et l'effusion de la droiture du cœur. Trop pure, trop innocente pour être dissimulée, si la candeur pense hautement, c'est qu'elle n'a point à rougir de ses pensées.

Toutefois qu'il est à craindre que la franchise, à moins qu'elle ne soit dirigée par la prudence et par la politesse, ne fasse rougir les autres! Combien de gens qui, pour vouloir être sincères et vrais, sont impolis et grossiers, ou mondains et satiriques!

N'ayez point cet amour outré et farouche de la vérité qui dégénère en humeur cynique, et qui ne la montre que sous un dehors révoltant. Ce défaut est d'autant plus difficile à corriger qu'on s'en glorifie. Quand on le reproche à ceux qui l'ont, ils répondent qu'ils sont faits ainsi, et qu'ils ne sauraient dire que ce qu'ils pensent. Ignorent-ils donc qu'on se doit les uns aux autres des égards et des ménagements? Il n'y a point d'homme, quelque mérite qu'il ait, qui ne fût fort mortifié si on lui disait tout ce qu'on pense de lui. La discrétion est à l'âme ce que la pudeur est au corps. Un excès de franchise est une source de haines et de désagréments.

Celui qui dit tout ce qu'il pense ne pense pas toujours à tout ce qu'il dit. Il y a souvent bien de l'imprudence et du péril à être trop sincère. Des coups déshonorants, et la mort même, ont été plus d'une fois les honteuses et tristes suites de l'indiscrétion de la langue. Le moindre mal qui puisse en arriver, c'est de nous faire perdre l'estime et l'amitié de ceux avec qui nous vivons. Cependant il vaudrait encore mieux être trop franc et trop véridique que fourbe et dissimulé. Il y a donc un milieu à tenir, et l'homme poli saura presque toujours le trouver. Il saura éviter adroitement de dire des vérités désagréables, ou tâchera de les adoucir, persuadé que dans des bagatelles on ne doit la déclaration de ses sentiments qu'à ses amis; encore faut-il qu'ils aient grande envie ou grand besoin qu'on la leur fasse. Mais, dans quelque cas que ce soit, il n'aura jamais recours à une perfide et trompeuse dissimulation.

Aussi la flatterie ordinairement procure-t-elle des amis, la vérité des ennemis. Mais les grandes âmes, qui connaissent tout le prix de la sincérité, préféreront toujours à des amis qui les flattent des ennemis mêmes qui leur diront la vérité.

Celui qui aime sa réputation aime à tenir exactement sa parole : la qualité d'honnête homme impose ce devoir. Il se fait une loi, lorsqu'il le peut, de tenir ce qu'il a promis, dans les choses même les plus légères; parce qu'on est bientôt infidèle dans les grandes quand on s'accoutume à n'être pas fidèle dans les petites.

Lorsque la promesse n'est pas injuste ou absolument impossible, on ne doit jamais la violer, pour quelque raison ou pour quelque intérêt que ce soit.

L'histoire nous a conservé de magnifiques traits d'héroïsme en ce genre. Tel est celui du Régulus français, Jean Ier. Qui ne sait le noble sacrifice qu'il fit à cette belle maxime, qui était la sienne : « Si la vérité et la bonne foi étaient perdues, on devrait les retrouver dans le cœur et la bouche des rois. » Ce prince, dont l'âme fut encore plus grande que ses malheurs, ayant été fait prisonnier dans une bataille, fut envoyé sur sa parole; mais n'ayant pu accomplir toutes les conditions qu'on avait mises à sa liberté, il retourna, accompagné de sa seule vertu, dans les prisons du roi d'Angleterre, et y mourut trois ans après.

On doit surtout garder les promesses qui ont été munies du sceau sacré du serment, et celui qui est la vérité par essence a quelquefois puni, dès cette vie, le parjure d'une manière sensible et éclatante.

« Celui, dit l'Ecclésiastique, qui ne fait pas ce qu'il a promis avec serment, aura son péché pour lui ; et, s'il jure en vain, c'est-à-dire pour des choses de peu d'importance, ou sans avoir dessein d'accomplir ce qu'il promet, ce ne sera pas une excuse qui le justifiera. »

Avez-vous promis de faire une action mauvaise, de commettre un crime, ou d'y coopérer? gardez-vous de croire que vous soyez obligé à tenir votre promesse. L'exécution vous rendrait doublement coupable.

Ne promettez jamais non plus sans en savoir l'objet; vous vous exposeriez souvent à devenir infidèle ou criminel. Hérode, dans l'ivresse de l'admiration, promet à la fille d'Hérodias tout ce qu'elle voudra lui demander. Elle lui demande ce qu'il ne peut accorder sans crime. Déjà coupable par son imprudence, il le devient encore plus par la mauvaise honte qui l'empêche de désavouer sa promesse, et il donne, quoique à regret, l'ordre de trancher la tête à un saint prophète qu'il jugeait digne de sa confiance et de son estime.

Ne soyez ni inconsidéré, ni trop prompt à donner votre parole ; ceux qui la donnent aisément y manquent de même.

Donnez tout ce que vous avez promis, mais ne promettez pas plus que vous ne pouvez faire, et promettez toujours moins que vous n'avez envie de donner. Il est juste et beau de remplir ses promesses; il est sage et prudent de les régler sur son pouvoir; il est doux et agréable de donner plus qu'on n'a promis.

Ne faites pas trop valoir, et ne louez pas beaucoup ce que vous promettez. L'imagination des personnes auxquelles on promet quelque chose de beau ou d'extraordinaire surpasse souvent tout ce qu'on leur donne dans la suite : il vaut mieux que le don soit au-dessus qu'au-dessous des espérances.

XXI. — La Tempérance.

Basile, dans l'homélie qu'il avait envoyée à Libanius, afin d'inspirer une plus vive horreur de l'ivrognerie, imite le Spartiate, qui exposait aux yeux de ses enfants son esclave ivre comme une vivante image des suites de cette passion dégradante. Il transporte son auditeur dans la salle même où une réunion de buveurs se livre à la débauche : ses reproches tombent d'abord sur l'homme riche qui a donné le repas.

« Il s'est levé avec l'aube ; mais il n'a pas eu le loisir d'attacher ses regards sur la voûte des cieux : il n'a pas vu les beautés dont elle brille ; à l'aspect des merveilles de la création, il eût songé au Créateur, il eût craint d'abuser de ses dons. Le jour commence à peine, et déjà il décore de tapis variés et d'étoffes aux vives couleurs la salle qui attend les convives; il étale avec complaisance les urnes, les flacons et les coupes, afin que la piquante variété du coup d'œil irrite la soif des buveurs, et les retienne de longues heures à table; car cette profusion de vases de toute espèce et de toute grandeur promet de faire durer ce passe-temps honteux. Il a désigné un roi du festin, un grand échanson, un majordome : il faut des valets à l'ivrognerie : c'est la reine de la fête; il s'efforce d'en déguiser la laideur sous l'élégance du service.

» Le vin coule, les coupes circulent, les convives se défient à boire; ils s'obstinent dans une lutte qui a pour juge le démon, pour récompense la honte. Tout est plein de trouble et de folie : tous sont ivres : vainqueurs et vaincus, les mains ont laissé tomber les coupes. Alors, au milieu des éclats de rire des valets, ils recommencent à boire. Cette fois c'est à la manière des brutes, qui se couchent près d'une fontaine dont l'eau jaillissante passe et les abreuve. Un esclave est entré. Il porte sur ses robustes épaules un énorme vase rempli de vin rafraîchi dans la glace : il écarte l'échanson; et, debout au milieu de la salle, il distribue le poison de l'ivresse d'après une mesure qui ne peut plus être évaluée ni exciter la jalousie. Tous se sont approchés du vase d'où s'échappe par des tuyaux d'argent, comme d'une fontaine, la liqueur funeste : ils l'aspirent et la reçoivent dans leur bouche aussi longtemps qu'elle coule. Qui pourrait dire tout ce qu'il y a de hideux dans un tel spectacle !

Ce convive jeune encore et plein de santé, cet officier distingué par son grade et par sa bravoure, est reporté dans sa maison sur les bras des valets : la veille objet de terreur pour les ennemis, aujourd'hui objet de risée pour les enfants : l'ivresse l'enchaîne et le livre sans défense aux affronts. O homme! tu as fait de ta table un piège cruel : ce jeune homme sort de ta demeure soutenu par des mains étrangères, comme s'il avait été blessé dans un combat meurtrier : tu as flétri dans le vin cette fleur dont la jeunesse couronnait son front : tu l'as invité comme un ami, et tu le jettes à la porte de ta demeure comme un cadavre. « Malheur, s'écrie le prophète, malheur à qui se lève dès le matin, et court après les boissons enivrantes, et passe le jour à boire, et n'a pas le loisir de contempler les œuvres du Très-Haut : je convertirai ses fêtes en deuil, dit le Seigneur. »

Qu'ai-je à faire maintenant, sinon à arrêter les yeux sur les vices qui ne sont ici qu'indiqués dans ce frappant tableau ?

Ne connaître et ne goûter de plus grands plaisirs que ceux de la table est un vice qui dégrade. Ne sommes-nous donc faits que pour manger et pour boire, et ne sommes-nous nés pour rien de plus élevé et de plus noble que pour les plaisirs des animaux ? Quelle gloire honteuse que celle qu'on tire de la capacité du ventre ou d'un appétit glouton? La gourmandise est un défaut, un défaut bas et honteux, qui rapproche l'homme de la bête : ne peut-on pas dire qu'il le met au-dessous? Les bêtes, le plus souvent, se bornent au nécessaire. Si elles trouvent quelque chose qui ne répugne pas à leur goût, elles s'en contentent, n'en prennent qu'autant qu'il leur en faut, et ne cherchent rien de plus. Elles ne se provoquent pas aux vomissements pour manger de nouveau. Elles n'avalent pas de liqueurs fortes pour hâter la digestion, afin de pouvoir satisfaire encore un appétit artificiel et plus que brutal. Croirait-on que des hommes, des femmes mêmes, soient capables de pareils excès? Et n'est-ce pas là, selon l'expression énergique de l'Ecriture, faire son dieu de son ventre? Celui qui a été bien élevé n'aura jamais un vice si déshonorant, et il ne mettra point au nombre de ses plaisirs un excès qui le confondrait avec les plus vils animaux.

Oui, l'intempérance est un des péchés de la bête. Entends le prophète Isaïe menaçant *ces chiens insatiables qui vont criant au milieu de l'orgie : Prenons du vin, ne cessons pas, et nous boirons demain comme aujourd'hui, et encore beaucoup davantage.* Aussi l'étonnerai-je en t'affirmant que Dieu a frappé ce crime de ses plus épouvantables malédictions, que c'était un de ceux contre lesquels le grand Apôtre luttait avec plus d'énergie dans ses courses laborieuses à travers les nations, qu'il flétrissait le plus impitoyablement, en face duquel il déployait avec plus de zèle la croix vengeresse de son divin maître? « Non, non, répétait-il, les débauchés, les ivrognes ne seront jamais les héritiers du royaume céleste. Malheur à qui ne rejette pas loin de lui les œuvres de Satan, l'intempérance, l'ivrognerie! Le Crucifié ne le connaît pas! »

———

Examine en effet maintenant l'intempérance dans ses honteuses suites. Je ne fais que te les indiquer : l'intempérant ignore l'ordre et l'économie, sources assurées du bonheur des ménages ; il dissipe dans ses orgies bien-aimées au-delà de ses revenus et de ses gains ; et que de fois, pour satisfaire sa passion, après s'être ruiné, déshonoré, n'est-il pas obligé d'avoir recours au vol, n'importe le rang social qu'il occupe? Les tribunaux déposent unanimement de ce fait.

L'intempérant est colère. L'imprécation et le blasphème s'exhalent de ses lèvres toujours frémissantes. Qu'il rencontre un obstacle à ses désirs, et comment n'en rencontrerait-il pas au sein même de sa tremblante famille, et il s'irrite, et il menace, et il frappe, et maintes fois dans sa fureur, que les lois humaines peuvent excuser, mais que la loi divine n'excusera point, ne donne-t-il pas la mort aux êtres qui lui sont le plus chers, et sur lesquels il verse le lendemain des larmes, hélas! bien amères, mais bien impuissantes?

L'intempérant est luxurieux. L'Ecriture le dit positivement, si une expérience quotidienne ne le disait pas encore plus haut. Le feu des mets et des vins embrase les sens, et les sens révoltés ne connaissent plus de frein. Paroles, gestes, actions impures, quel homme a été intempérant sans se souiller de ces abominations ? Sodome se livrait nuit et jour à l'orgie : et l'impureté, fille de l'orgie, appela sur Sodome les foudres vengeurs du ciel.

L'intempérant est impie. Que peut-il y avoir de commun entre lui et les mortifications prêchées par l'Évangile. Est-il capable de prier ? « O malheureux, disait un jour un seigneur à un de ses valets qui était ivre, tu vas au temple parler à Dieu ; et que lui diras-tu, n'étant pas seulement en état de parler à ton cheval ? » Peut-il approcher des sacrements ; que serait-il sinon les profaner ? Où puiserait-il le recueillement, la componction nécessaire à des actes dignes d'absorber les plus hautes facultés du cœur de l'homme ? Accoutumé à une nourriture grossière et charnelle, quel goût trouverait-il à l'aliment spirituel du divin banquet, à la manne des anges, au vin céleste qui fait germer la virginité ? Le dimanche est le jour du Seigneur. Mais pour l'intempérant c'est, plus que tout autre, un jour de dissipation et de honteuses fêtes, par les compagnies qu'il a plus de facilité à rencontrer ou à entraîner avec lui dans ses maisons favorites.

Ajouterai-je enfin que le résultat le plus funeste peut-être de la gourmandise c'est la persévérance dans cette indomptable passion ? L'intempérant ne se corrige point; il promet et il ne tient point ses engagements; sa vie courte d'ordinaire se termine dans le péché. Il a des regrets, il pleure; mais l'habitude est prise, elle est invétérée, il est trop tard; et sur le lit de mort, alors qu'il va rendre ses comptes à Dieu, on le voit, on l'entend soupirant encore après ce qui fut ses délices, son unique bonheur.

Un prêtre fut appelé auprès d'un ouvrier moribond. A force d'excès ce malheureux était tombé dans un état qui ne laissait plus d'espérance. Il se confesse, et après avoir publiquement demandé pardon à Dieu et aux hommes de ses scandales, il promet de se corriger s'il a le bonheur de recouvrer la santé. Mais, hélas! à peine avait-il reçu les derniers sacrements que sa passion violente se réveille; il demande avec d'épouvantables vociférations cette liqueur fatale dont il mourait pourtant victime, en boit encore, et expire en en retenant convulsivement le vase dans ses mains!!...

Tu le vois donc, mon fils, il est important pour l'homme de lutter contre une passion qui le rend prodigue, voleur, colère, luxurieux, impie, et qui ouvre indubitablement devant lui les portes de la réprobation éternelle.

Ne pourrais-je pas ajouter, en considérant cette passion humainement, qu'elle n'attire sur sa victime que le mépris public? Mérite-t-il l'estime, cet homme nécessairement apathique, égoïste, indiscret, inconstant, ennemi du travail et de la peine, incapable de concevoir et de mener à fin une entreprise tant soit peu généreuse et difficile ?

Mais ne crois pas qu'il y ait exagération ou erreur dans mes paroles ; ne crois pas que je n'aie voulu ici te parler que de cet homme des bas-fonds de la société, dont l'ivresse est l'objet de la risée et des insultes de l'enfant au milieu de nos rues. Non, non : ce que j'ai dit est, sans exception, applicable à tous ces êtres, n'importe leur rang social, qui aiment de prédilection les tables chargées de bonne chère et de coupes embaumées : oui, de tous ces hommes, le partage est, ici-bas, le mépris plus ou moins éclatant de leurs frères, et dans la vie à venir l'ignominie et la souffrance. S'il y a chez l'habitant de nos campagnes, chez l'ouvrier intempérant, quelque chose de plus dégoûtant, de plus abject, il y a aussi chez le jeune homme de bonne famille, chez celui que doivent distinguer sa naissance, son éducation, sa position élevée, sa fortune, quelque chose qui soulève dans l'âme plus d'indignation et de douleur. Les excès dans lesquels il tombe sont plus coupables d'ailleurs, et la passion de la table le conduit maintes fois, comme l'homme du peuple, à ces excès honteux. C'est au milieu d'une orgie que Balthasar se fait apporter les vases sacrés du temple ; qu'Alexandre-le-Grand égorge de sa propre main son fidèle Clitus, qu'Hérode promet la tête de Jean-Baptiste !

Fuis donc, jeune chrétien, l'intempérance à cause des désordres et des crimes qu'elle enfante, et forme-toi à la sobriété.

On se pique d'être ou de paraître reconnaissant envers les hommes, et on oublie de l'être, on rougit de le paraître envers Dieu. Pourquoi, dans tant de maisons où l'on se dit chrétien, a-t-on abandonné la religieuse coutume de nos pères, d'élever son cœur et ses pensées vers le ciel avant et après le repas, y faire monter ses actions de grâces pour en appeler la bénédiction, sanctifier et ennoblir par la religion ce qui nous confond avec les animaux? Faisons-nous toujours gloire de reconnaître et de remercier la main bienfaisante qui répand sur nous ses dons avec tant de bonté, et quelquefois avec tant de profusion : plus elle est généreuse à notre égard, plus nous devons être reconnaissants, et moins surtout nous devons abuser de ses bienfaits.

XXII. — Choix des compagnies.

L'étude de l'homme, qui est sans doute une des plus belles et des plus utiles, ne doit pas être faite par pure curiosité, et bien moins par malignité. Il faut observer les hommes pour devenir meilleur, et pour aider les autres à l'être. C'est là l'objet important de la morale, et ce qui élève cette science au-dessus de toutes les autres. Jeune homme, qui aimez à vous former et à vous instruire, venez donc continuer à les observer avec moi, et apprenez à connaître ici ceux qu'il vous importe le plus d'éviter et de fuir.

Le danger le plus commun et le plus inévitable auquel vous serez exposé dans le monde, c'est le mauvais exemple et les liaisons dangereuses. Il n'est rien de plus éloquent que l'exemple. On balance quelques moments; mais bientôt on dit ce qu'on entend dire, on fait ce qu'on voit faire, on marche à grands pas dans les routes larges et battues de l'iniquité, et souvent même on se fait une fausse gloire de surpasser en libertinage ceux qu'on avait d'abord eu en horreur.

On peut dire des mauvaises sociétés ce que l'Ecriture dit des mauvais entretiens : elles corrompent les bonnes mœurs, elles détruisent le plus beau naturel, les plus heureuses inclinations. Combien de fois n'a-t-on pas vu les fruits précieux d'une longue et sage éducation détruits en peu de temps par le souffle empoisonné des compagnies dangereuses! C'est ce qui arriva à ce jeune homme de qualité dont parle le célèbre chancelier Gerson. Il avait été longtemps un modèle d'innocence et de piété; mais s'étant malheureusement lié avec un libertin, les discours et les exemples de cet ami corrompu l'infectèrent bientôt, et le pervertirent entièrement. Il se livra, comme lui, aux plus grands désordres. Atteint d'une maladie mortelle, le souvenir de ses crimes le jeta dans le désespoir. « Malheur à celui qui m'a séduit! dit-il au prêtre qui l'exhortait : mes crimes sont trop grands pour que je puisse en espérer le pardon. Je vois l'enfer ouvert pour me recevoir. » En prononçant ces dernières et terribles paroles, il expira.

Parents qui avez de la vertu, et qui voulez conserver à vos enfants celle que vous avez tâché de leur inspirer, vous ne sauriez trop les prémunir contre les funestes effets que produisent de mauvais exemples. Le jeune homme agité tout à la fois par la fièvre qui le dévore, et tenté par les exemples corrupteurs que le monde offre à ses yeux, aura bien de la peine à se soutenir, si vous ne l'affermissez. Fortifiez-le donc ; armez-le de bonne heure des plus sages conseils ; revenez à la charge à mesure que le péril augmente ; ne vous lassez pas de travailler, jusqu'à ce que le caractère soit tout-à-fait formé. Faites-lui surtout bien connaître ceux dont il doit le plus éviter la compagnie, et dites-lui, avec ce zèle que doit vous donner votre tendresse, et ce ton persuasif qui est celui de l'amour : O mon fils! j'ai travaillé sans relâche jusqu'à présent à jeter dans votre âme les précieuses semences de toutes les vertus, et à les faire éclore. Je sens mon amour croître avec vos heureuses inclinations. Mais, plus je vous aime, plus je crains que vous ne veniez former des liaisons suspectes et dangereuses. Vous désirez savoir quelles sont celles dont vous devez principalement vous défendre : ce souhait, qui est pour moi d'un si heureux augure, je me hâte de le satisfaire.

9

Evitez tous ces jeunes gens déhontés, sans mérite et sans talent, dont les débauches les plus infâmes sont les plaisirs les plus délicats ; qui se disputent la gloire des excès, et qui se font un jeu de déshonorer les familles.

Evitez avec une égale horreur tous ces vieux libertins qui, déjà un pied dans le tombeau, se plaisent à insinuer à la jeunesse leurs sentiments pervers, comme pour perpétuer après eux leur libertinage, le soustraire au tombeau où ils vont être engloutis, et lui donner une affreuse immortalité. Hélas ! verrait-on, mon fils, dans les jeunes gens tant de corruption s'il ne se trouvait de ces détestables corrupteurs, qui leur ouvrent malheureusement les yeux sur ce qu'ils devraient toujours ignorer, et les arrachent d'entre les bras de l'innocence, pour les jeter dans ceux du crime ! Si vous faites jamais société avec eux, vous êtes perdu, et peut-être pour toujours.

« O mon fils, dit le Seigneur, si les libertins vous invitent à venir avec eux, refusez fermement, et résistez avec courage à leurs indignes sollicitations. » Si un malheureux moment vous livre en leur compagnie, et vous jette au milieu d'eux sans le savoir, appelez promptement à votre secours toutes les leçons de la vertu que vous avez reçues, et fortifiez-vous contre les assauts par le souvenir de toute l'horreur que mérite le vice, et du mépris profond que s'attire la débauche. Fuyez-le aussitôt qu'il vous sera possible, et fuyez loin. L'hôpital à trente ans, et à la mort l'impénitence, c'est tout ce qui reste du commerce des libertins. »

Enfin, mon fils, ajoutera ce père vertueux et chrétien, vous avez des mœurs et de la religion, craignez la société de ceux qui peuvent vous les faire perdre. Le libertinage de l'esprit marche à la suite du libertinage du cœur, et il est encore plus contagieux et plus funeste.

L'irréligion marche aujourd'hui la tête levée, et conspire ouvertement contre Dieu. Décorant sa fausse sagesse du nom de philosophie, elle a formé l'horrible complot de renverser les autels, de déraciner la foi, de corrompre l'innocence, et d'étouffer dans les âmes tout sentiment de vertu. Résolue de porter à la religion les coups les plus funestes, elle exhorte par mille discours téméraires et par une multitude d'écrits scandaleux, de romans en volumes ou en feuilletons, à briser ses liens, à secouer son joug. Nos prétendus sages voient avec complaisance la jeunesse courir en foule à leurs leçons, et boire avec avidité le poison de l'erreur dans les coupes perfides qu'ils lui présentent. Ils ne comprennent pas qu'ils ne sont que les exécuteurs de la vengeance divine, qui se sert d'eux dans la profondeur de ses desseins pour perdre ceux qui méritent de périr par l'abus qu'ils font des grâces de Dieu. Leurs succès rapides les enhardissent à produire tous les jours de nouveaux blasphèmes. Mais attendons les moments du Seigneur : il viendra dans sa colère souffler contre cet amas pompeux d'iniquités, et il le réduira en poussière. Craignez, mon fils, d'être enveloppé dans leur ruine : fuyez-les avec la même horreur qu'on fuit la vue du serpent prêt à s'élancer sur vous. Puisqu'ils veulent se corrompre et vous corrompre avec eux, fendez la presse, retirez-vous à l'écart, ou allez respirer un air plus pur dans la compagnie des gens de bien.

Car, ne vous y trompez pas, mon fils, presque tous les impies sont des libertins publics ou cachés. Une expérience journalière, bien honteuse pour le parti de l'iniquité, ne nous apprend-elle pas qu'on n'entre dans les voies de l'irréligion qu'après avoir abandonné celles de l'innocence ? Les basses aussi bien que les grandes pensées viennent du cœur.

———

Soyez, s'il se peut, aimé de tout le monde ; mais n'ayez qu'un certain nombre d'amis, et choisissez-les bien. L'impie, le jureur, le libertin : amis pernicieux. Le joueur de profession, l'intrigant : amis dangereux. L'homme vain, celui qui veut faire fortune à quelque prix que ce soit : amis faux. Le mauvais plaisant, celui qui veut seul avoir de l'esprit, le diseur de riens : amis ennuyeux. Le médisant, le satirique : amis à craindre. Le flatteur, le donneur de mauvais conseils : amis funestes. Le caractère fantasque et bizarre, celui qui se fâche aisément et qui s'offense sans sujet : amis difficiles. L'humeur capricieuse, l'esprit dur, celui qui vous fait trop acheter ses services : amis tyranniques, dont la haine serait moins insupportable que l'amitié.

Admettez encore moins dans votre amitié ceux qui croient qu'aimer consiste à aider à rire effrontément dans les débauches, et à faire le mal avec plus de hardiesse et d'insolence. Ce sont des meurtriers qui se servent de votre propre main pour vous porter la mort dans le cœur. De tels amis sont plus dangereux que des ennemis déclarés. Ils excusent tout, applaudissent tout, donnent des conseils pernicieux, portent à d'indignes excès. Que pourrait faire davantage un ennemi qui voudrait se venger?

———

L'amitié, cette douce union des cœurs, ne peut être véritable et solide que quand elle a pour fondement l'honneur et la vertu. La vertu qui attache est une chaîne que rien ne peut rompre. Faites-vous donc une maxime inviolable de ne choisir pour amis que des gens de bien, car il n'y a point d'autres vrais amis, et ces amis précieux ne sont que pour ceux qui leur ressemblent. Attachez-vous à l'homme droit et vrai, qui n'aime ni les déguisements, ni les détours de la finesse, incompatibles avec la sincérité et l'ouverture que demande l'amitié. Cherchez une humeur douce et facile, qui fait le plus grand agrément des liaisons; un caractère complaisant qui sympathise avec le vôtre; car il n'y a que la conformité du caractère qui puisse rendre les unions durables : c'est la sympathie qui rapproche les cœurs, et qui resserre les liens de l'amitié. Si celui que vous voulez faire votre ami joint à ces qualités un bon cœur, quand il aurait quelques petits défauts, ne balancez pas, le marché ne saurait manquer d'être excellent pour vous.

De quelle utilité n'est pas un bon ami? La fortune peut nous élever assez pour nous affranchir d'une infinité de besoins; mais, quelque pouvoir qu'elle ait, elle ne fera jamais qu'on puisse se passer d'un fidèle ami. Plus nous serons heureux, plus il nous sera nécessaire, quand ce ne serait que pour nous donner de bons conseils, pour nous dire la vérité, pour nous avertir de nos défauts.

La fortune, qui est aveugle, rend aveugles ses favoris; et comment nous corrigerait-elle de nos vices, puisqu'elle commence par nous ôter nos vertus?

Un ami fidèle est toute la consolation de la vie. Sa seule présence nous fait aimer les lieux et les temps les moins aimables. De même que les corps lumineux jettent un reflet sur les lieux qui les avoisinent, ainsi les vrais amis répandent je ne sais quelle grâce et quel éclat autour d'eux.

———

Ayez donc des amis, cherchez-en; ils sont une source d'agréments et de bons conseils : mais, encore une fois, sachez les distinguer et les choisir. N'ambitionnez pas d'en avoir un grand nombre, et si jamais la fortune vous élève, fidèle au conseil du Sage, « conservez dans votre cœur le souvenir de votre ami,

et ne l'oubliez pas lorsque vous serez devenu riche. »
Sacrifiez toujours volontiers l'orgueil ou l'intérêt à la
tendre amitié, et ne ressemblez jamais à aucun de ces
faux amis dont nous venons de parler. Que ce soit le
cœur seul qui vous attache à vos amis, sans aucun
égard à leur bonne ou à leur mauvaise fortune. Quelque
chose qui leur arrive, souvenez-vous que se déclarer
l'ami de quelqu'un c'est s'engager à l'être dans
tous les temps, dans toutes les occasions, dans toutes
les situations de la vie. Aussi supérieure aux revers
qu'inaccessible à l'envie, la vraie amitié partage l'infortune
comme la félicité : c'est même dans le malheur
qu'elle se montre avec plus d'éclat. La prospérité
donne des amis, l'adversité les éprouve.

Heureux ceux qui trouvent les vrais amis! Vous
mériterez d'en avoir, si vous êtes vous-même ami
fidèle et constant. Avez-vous fait un choix? Que ce
soit pour toute la vie : vous vous en trouverez mieux.
« Ne quittez pas un ancien ami, car le nouveau ne lui
sera pas semblable. » Ce n'est pas que, s'il s'offre une
nouvelle amitié à faire, on doive toujours la rejeter,
il y en a qui peuvent être aussi utiles qu'agréables ;
mais n'abandonnez point pour cela l'ancienne amitié,
et préférez même toujours les anciens amis aux nouveaux.
Plus la passion de l'amour vieillit, plus elle
est faible ; mais l'amitié devient plus forte en vieillissant.
Elle est aussi plus douce et plus agréable,
comme ces vins vieux qui flattent plus délicieusement
le goût.

Si la personne que vous aimez depuis longtemps

est moins parfaite ou moins honorable, elle vous est plus propre et mieux faite à votre humeur. Ce ne sont pas la noblesse, l'esprit ou la science qui font les douceurs de l'amitié, c'est la conformité du cœur et la sympathie des inclinations. D'ailleurs tout habit neuf incommode quelque temps, et toute nouvelle connaissance gêne : les réserves et les cérémonies sont longues ; il faut s'étudier et se bien connaître avant que de se livrer avec confiance, et ce sont toujours de grandes affaires pour un homme sage et prudent que des commencements d'amitié. En un mot, souvenez-vous de ce qu'on a dit, que quiconque peut cesser d'aimer un premier ami est indigne d'en avoir un second.

Ne rompez pas aisément avec vos amis. Il n'y a point d'ami qui ne puisse manquer à notre égard, mais il n'y a guère de manquements qu'on ne doive excuser. Il faut se passer réciproquement bien des choses, si l'on veut que l'amitié subsiste. Lorsqu'on a donné la sienne à quelqu'un, on s'est obligé non-seulement à sentir ses peines, mais à souffrir ses fautes, et ce serait vouloir bien peu souffrir pour lui que de ne vouloir rien souffrir de lui.

Ce qui doit nous faire rompre nos liaisons, c'est lorsqu'elles peuvent nous devenir funestes ou dangereuses, lorsque la religion ou la conscience ne permettent point de les continuer. On doit être bon ami, mais on doit être encore plus ami de la vertu.

Un homme à qui son ami avait refusé quelque service injuste, lui dit qu'il n'avait que faire de son amitié, puisqu'elle lui était inutile. « Ni moi de la vôtre, lui répondit-il, puisqu'on ne peut la conserver que par des injustices. » On sait aussi le beau mot d'un païen. Un de ses amis le pressait de faire pour lui un faux serment. « Je me fais un devoir, lui répondit-il, de servir mes amis; mais non pas jusqu'à offenser les dieux. »

Il peut arriver encore qu'un ami tombe dans des fautes ou dans des vices dont la honte et l'infamie rejailliraient sur ceux qui continueraient à se déclarer ses amis. Alors il est de la prudence et de la sagesse de rompre, ou de laisser mourir l'amitié, en cessant peu à peu de se voir. Car, autant qu'il est possible, il faut éviter les éclats, et, comme disait Caton, « il vaut mieux découdre que déchirer. » On doit du respect à l'ancienne amitié; et s'il est permis à un honnête homme qui s'est trompé dans le choix de ses amis de les abandonner, ce doit toujours être de telle sorte qu'ils se ressentent en toute occasion d'avoir été les amis d'un honnête homme.

Ne condamnez pas vos amis sans les entendre, ou sans vous être bien assuré qu'ils sont coupables. Quand il s'agit de se brouiller avec une personne qui nous est chère, on ne saurait trop s'éclairer ni être trop sûr. Il faut n'être ni facile à écouter, ni prompt à croire. Combien de faux rapports ont brouillé de vrais amis!

On acquiert du mérite quand on fréquente ceux qui en ont. Voulez-vous devenir vertueux et homme de mérite? attachez-vous à ceux qui le sont, ne les quittez point, entretenez-vous avec eux le plus souvent qu'il vous sera possible, fixez continuellement sur eux vos regards. C'est à l'aspect des chefs-d'œuvre des Raphaël et des Michel-Ange que les jeunes peintres s'enflamment et redoublent leurs efforts. De même, un jeune homme, en contemplant les modèles qu'une société choisie offrira sans cesse à ses yeux, sentira son cœur s'échauffer d'une douce émulation, et brûler du désir de les imiter.

Les ignorants ne nous apprennent rien, les gens de mauvais goût gâtent celui des autres, les discours d'équivoques et d'obscénités salissent l'imagination, les hommes grossiers abrutissent.

Jeune homme qui avez des sentiments, et qui rougissez de suivre un pareil exemple, liez-vous de bonne heure avec les personnes polies, instruites, d'un esprit juste et d'un goût sûr. Introduisez-vous et aimez à aller dans ces maisons respectables où tout ce qu'on voit, tout ce qu'on entend, ne respire que les bonnes mœurs, la politesse et la décence ; mais souvenez-vous que, pour y être admis, il faut avoir de la conduite et de la sagesse, un maintien réservé et modeste qui prévienne, un esprit doux et orné qui serve de recommandation. Voyez les honnêtes gens, estimez-les, et travaillez à vous en faire estimer. Liez-vous étroitement avec eux : le profit est sûr, et ces nœuds durent toujours. Bientôt vous sentirez les heureuses et fécondes influences qu'ils verseront sur vous. Leur commerce polira vos manières, augmentera vos connaissances, perfectionnera votre esprit et formera votre goût. Tout ce qui ne sera ni grand, ni beau, ni délicat, ni poli, ni honnête, vous paraîtra insipide, méprisable, odieux.

« Celui qui fréquente les sages, dit Salomon, deviendra sage lui-même, et l'ami des insensés deviendra semblable à eux. »

Ainsi parlera un père sage et vertueux; et ne doutons pas que de telles leçons, soutenues de toute la force de son exemple, ne fassent de profondes impressions sur un fils bien né et docile.

XXIII. — Etudes, Lectures.

On a dit qu'on devait être ménager de son bien et de sa confiance : on ne doit pas l'être moins de son temps et de ses paroles. La seule avarice qui soit permise est celle du temps. « Il n'y a rien de si cher que le temps, disait Théophraste, et ceux qui le perdent sont les plus condamnables de tous les prodigues. »

Aussi le chrétien est-il toujours occupé. Il a de bonne heure accoutumé son esprit à penser et à pouvoir se suffire. Il aime mieux pour l'ordinaire s'entretenir avec lui-même qu'avec les autres, parce qu'il n'est jamais moins seul, comme le disait un ancien, que lorsqu'il est seul, et que d'ailleurs il a remarqué plus d'une fois, avec le pieux et profond auteur de *l'Imitation*, qu'il n'avait presque jamais été avec les hommes qu'il n'en fût revenu moins homme. Comme lui, fuyez les longues conversations, parce qu'elles sont presque toujours ou inutiles, ou ennuyeuses, ou criminelles. Les choses indifférentes ne plaisent guère, et celles qui donnent du plaisir ne sont pas toujours innocentes. Il faut avoir dans l'esprit bien de la ressource pour entretenir plusieurs heures de suite une conversation, sans répétitions, sans bâillements, sans médisance; et l'on réduirait au silence bien des grands parleurs, si on les obligeait à ne dire que de bonnes choses.

Mais, quelque rapide que soit le temps, combien de personnes le trouvent encore trop long, parce qu'elles ne savent à quoi le passer! On le déchire, on le perd à ne rien faire, ou à faire des choses qui valent moins que rien.

Voyez tous ces désœuvrés, espèce d'hommes ou de femmes qui font la partie la plus brillante et la moins utile de la société, quel usage en font-ils? A un long repos, que la mollesse aime à prolonger, succèdent l'habillement et la parure, dont la vanité s'occupe des heures entières. Le reste de la journée se dissipe tantôt dans de longues parties de jeu, où l'on cherche à écarter l'ennui qui assiége toujours ceux qui n'ont rien à faire, tantôt dans des entretiens stériles et dans des visites où l'on ne cause que pour se dire des riens, que pour s'apprendre réciproquement des choses dont on est également instruit, ou dont il importe fort peu qu'on le soit. Assemblées, visites, conversation, ajustements, parties multipliées de plaisirs ou de jeux, soins profanes, occupations frivoles, n'est-ce pas là tout ce qui compose la vie de tant de personnes du grand monde, qui regardent cette vie oisive comme un des priviléges de leur condition, et qui la croient fort innocente parce qu'il leur semble qu'ils ne font pas beaucoup de mal? Il serait facile de leur faire voir qu'ils sont dans l'erreur, et qu'une telle vie est souvent beaucoup plus criminelle qu'ils ne pensent, parce que tout y favorise les passions, y nourrit la mollesse, y produit la négligence et l'oubli de ses devoirs les plus essentiels. Ce qui a fait dire à une femme d'esprit, en parlant du temps que certaines personnes mettent à leur toilette : elles emploient la moitié du jour pour se préparer à perdre l'autre et à se perdre elles-mêmes.

Mais élevons ici nos pensées. Quand il n'y aurait dans une vie oisive que la perte du temps, ne serait-ce pas assez pour la rendre condamnable devant Dieu? Nos années ne s'écoulent pas en vain. Toutes les minutes de la vie vont frapper à la porte de l'éternité.

Oh! mon fils, avez-vous jamais tâché de comprendre ce que c'est que le temps, ce je ne sais quoi qui fuit plus vite que la flèche légère, que le brin de paille emporté par le vent de l'orage?

Avez-vous médité sur ce temps précieux, ce temps irréparable, que saint Augustin appelle les arrhes de l'éternité; ce temps qui est le prix du sang de Jésus-Christ, dont le plus petit moment a été demandé pour nous sur la croix avec tant de larmes et de souffrances; ce temps qui est d'un prix infini, car il vaut en un sens autant que Dieu, puisque la possession de Dieu est la récompense de son saint emploi?

Certes nous estimerions d'un prix immense le diamant avec lequel nous pourrions acheter un royaume; or, que serait ce diamant comparé au temps, puisqu'avec lui nous pouvons acquérir un royaume éternel? Alexandre, entendant des philosophes assurer l'existence de plusieurs mondes, répéta, dit-on, en soupirant : Et à l'âge où je suis, je n'en ai pas conquis encore un seul entier! Et pensant à ce ciel où brillent tant de couronnes, où la foi nous découvre des royaumes sans bornes, le chrétien vieillira dans la somnolence et l'apathie! il ne se hâtera pas d'amonceler victoires sur victoires, pour se rendre maître d'un sceptre qui l'attend!

L'heure où il faudra rendre compte ici-bas du temps passé n'est pas fort éloignée. On meurt à tous les instants, à tous les âges, et la plus longue vie est bien courte. Mais, prévenus, dans notre jeunesse, de ce préjugé si faux, que cinquante ou soixante ans de vie sont une espèce d'éternité; semblables aux enfants qui regardent une pièce d'or comme une fortune inépuisable, nous ne pensons alors qu'à jouir des délices et des agréments de la vie présente, sans songer à celle qui doit suivre, sans oser penser à la mort, dont la triste et affligeante idée troublerait nos plaisirs.

Cependant elle arrive au moment que nous l'attendons le moins, elle vient nous surprendre comme un voleur, elle nous dépouille des titres passagers et des richesses fugitives que nous possédions. Mais quand tout disparaît et s'anéantit autour de nous, éclat, dignités, fortune, amis, famille, société, nos œuvres seules ne nous abandonnent pas, elles nous accompagnent dans les régions de l'éternité. Voilà le seul trésor que nous emporterons dans le monde nouveau qui doit nous recevoir en sortant de celui-ci. De quelle importance n'est-il donc pas pour nous de songer à nous les procurer, ces richesses précieuses? Si l'on considérait bien que chaque moment de cette vie peut nous mériter une éternité de bonheur, pourrait-on se résoudre à le perdre si facilement?

Combien de personnes du siècle meurent, après avoir passé presque toute leur vie dans une espèce de prestige éblouissant et d'enchantement agréable en apparence, qui les a comme endormies et leur a fait oublier leur véritable destinée! Mais, si elles n'ont à présenter au tribunal du Dieu de vérité que des illusions et des mensonges, quel jugement doivent-elles en attendre, et quel sera leur étonnement à leur réveil ?

———

Dès qu'on a passé le premier âge de la vie, destiné par la nature presque tout entier pour le corps, et que la raison commence à se dégager des ténèbres de l'enfance, le temps devient précieux. Celui de la jeunesse l'est infiniment. Les pères en seront comptables devant Dieu et devant les hommes, encore plus que leurs enfants, parce que c'est à eux de leur en faire faire un digne usage.

Pour vous, jeune homme, qui voulez paraître un jour avec honneur dans le monde, raccourcissez le temps de la bagatelle : ce doit être le premier fruit de la réflexion. Préparez-vous à remplir dignement les emplois que la Providence vous destine. Faites des provisions pour l'âge mûr et la vieillesse. Le temps de la jeunesse est le tempas de semer. Du bon emploi de ce temps dépend pour l'ordinaire le bonheur du reste de la vie. Profitez des leçons de vos maîtres ; les moments sont chers ; si vous attendiez plus tard, vous n'y reviendriez point. Qui sait si la fortune ou les honneurs ne vous attendent pas au bout de la carrière, pour couronner votre diligence et récompenser votre ardeur ?

Le célèbre Rollin avait un talent singulier pour former les jeunes gens et les animer à l'étude. Le premier président Portail se plaisait quelquefois à lui reprocher qu'il l'avait excédé de travail. « Il vous sied bien de vous en plaindre, lui dit Rollin; c'est cette habitude au travail qui vous a distingué dans la place d'avocat-général, et qui vous a élevé à celle de premier président : vous me devez votre fortune. »

———

Sous quelles nobles images l'antique poésie n'a-t-elle pas soin de nous représenter le travail, marchant à la tête de la société naissante, et l'entraînant à travers les diverses phases de la civilisation? C'est Hercule, héros voyageur, qui parcourt le monde armé de la force protectrice ; et les monstres des forêts, et les brigands non moins redoutables expirent sous ses coups, et la vie pastorale déploie paisiblement ses tentes dans les vertes campagnes.

C'est Triptolème que la charrue, dont il est l'inventeur, accompagne, et sur ses pas naissent les moissons dorées, et l'homme s'attache au sol par la culture, et la propriété est fondée, et les habitations mobiles qui voyageaient avec les tribus font place aux habitations fixes, et les villes s'élèvent au sein des déserts étonnés.

C'est Minerve elle-même qui visite le foyer domestique, qui daigne s'asseoir à l'ombre du modeste gynécée ; les femmes, instruites par son exemple, exercent leurs doigts sur des tissus variés et délicats. Ce sont enfin les Muses qui aident l'homme à faire toutes ses conquêtes, et développent son aptitude au travail, car elles possèdent de magiques paroles contre la sueur du front, contre la langueur des bras.

Le travail est une des conditions de notre nature. Otez de l'univers le travail, qui le renouvelle incessamment, et la surface de l'univers reprendra son aspect rude et sauvage, et il ne réfléchira plus la pensée du Créateur dans toute sa plénitude. Il en est ainsi de la vie humaine : active, elle s'use, mais elle brille ; oisive, la rouille la dévore. Combien de fois, à la vue du succès qu'un autre a su conquérir, le jeune homme ne s'est-il pas dit avec amertume : « Ah! si j'avais travaillé! » Cette expression douloureuse, qui sort pour ainsi dire du fond des entrailles, toutes les fois que le passé l'accuse de paresse ou d'insouciance, lui prouve que le travail est une puissance dont le ressort est dans sa volonté, et par laquelle il est maître de son avenir.

S'il rentre au contraire des écoles publiques dans sa famille, après avoir bien travaillé, quel doux accueil il reçoit ! Son père s'empresse, comme par un sentiment d'émulation naïve, de lui faire remarquer que, pendant son absence, le travail n'a pas été absent de la maison paternelle ; qu'elle a été ornée, agrandie ; que les champs ont donné leurs moissons, les arbres leurs fruits, que le platane sous lequel il jouait petit enfant a grandi et doublé son feuillage, gracieux emblème qui déguise une leçon et un éloge; que partout les soins d'une culture traditionnelle et assidue ont répondu à ses vœux ; que ses mains, bien qu'affaiblies par les ans, ne se sont point lassées;

car, ajoute ce bon père, en arrêtant ses regards sur cet autre lui-même, j'ai puisé un nouveau courage dans cette pensée que je travaillais pour toi, ô mon fils !

———

Appliquez-vous donc à l'étude dans votre jeunesse: c'est le seul chemin qui conduise au mérite et à la gloire. Aimez le travail, et ne soyez pas de ces jeunes désœuvrés qui se lèvent le matin pour se coucher le soir, et qui, promenant tout le jour leur pénible existence, ne savent que faire de leur temps ni d'eux-mêmes. Après avoir ainsi commencé leur honteuse et ennuyante carrière, ils la continuent de même, et meurent sans avoir vécu.

Imitez encore moins ces hommes efféminés qui perdent une grande partie de leur temps à leur toilette.

Livrée à ces puériles habitudes, à quoi notre ignorante et frivole jeunesse pourrait-elle jamais s'élever de grand? Celui qui ne sort qu'après avoir passé deux ou trois heures devant un miroir à s'ajuster, à se parfumer, fait honte aux femmes en les imitant, et se déshonore en voulant se faire admirer.

Un magistrat du seizième siècle, Henri de Mesme, dans ses mémoires, adressés à ses enfants, leur montre que, de son temps, on n'atteignait à la science que par des mœurs sévères.

« Je fus envoyé à Toulouse pour étudier les lois sous la conduite d'un vieil gentilhomme tout blanc, qui avait longtemps voyagé par le monde. Nous fûmes trois ans auditeurs en plus étroite vie et plus pénibles études que ceux de maintenant ne voudraient supporter. Nous étions debout à quatre heures, et, ayant prié Dieu, allions à cinq heures aux études, nos gros livres sous le bras, nos écritoires et nos chandeliers à la main. Nous entendions toutes les lectures jusqu'à dix; puis venions dîner, après avoir en hâte conféré sur ce qu'avions écrit des lectures. Après dîner, nous lisions, par forme de jeux, Sophocles, Aristophanes, Euripide : à une heure, aux études jusqu'à six; puis nous soupions et lisions en grec et en latin. Quelquefois, les jours de fête, nous allions dîner chez les amis de notre père : le reste du jour, aux livres. »

Ainsi parlait à ses enfants le chef d'une cour souveraine, le premier président du parlement de Paris, Henri de Mesme, et sa parole grave et douce est parvenue jusqu'à nous comme un écho de ces traditions respectables dont la magistrature française conserva de tout temps le dépôt sacré. Combien devait être exemplaire dans sa conduite une jeunesse plongée, comme celle de Henri de Mesme, dans l'étude de l'antiquité, si riche en beaux exemples : comme elle devait être bienvenue de la vieillesse savante et chargée d'honneurs, cette jeunesse modeste et laborieuse qui promettait non de profaner et de dissiper l'héritage lentement amassé par tant de siècles, mais de le consolider en travaillant à l'agrandir! Et certes une noble moitié lui était bien due, puisque, une fois hors de l'enceinte claustrale des colléges, elle gardait avec un religieux scrupule ses premières habitudes, et se plaçait au sein des grandes cités, sous la sauvegarde de la vieillesse en cheveux blancs. Nous avons vu comme ces jours étaient pleins : ils commencent tous par la prière. L'âme d'un jeune homme, si elle s'est nourrie dès le matin de la pensée religieuse, se sent bien plus d'élévation et de vigueur pour les travaux de l'étude ; et, quelque difficiles qu'ils soient, elle y satisfait sans effort, grâce au calme que lui procure le silence des passions.

Il y a pour la jeunesse un temps surtout bien critique : c'est celui où les jeunes gens livrés à eux-mêmes se félicitent d'avoir secoué le joug de l'éducation, et font consister la liberté à éviter toutes les occupations sérieuses. Leurs études et leurs exercices finis, ils ne savent quelles occupations se prescrire, pour remplir le vide que leur laisse le défaut d'emplois et d'affaires.

Je leur ai déjà dit : qu'ils fassent des provisions pour l'avenir, qu'ils préparent tout ce qui leur sera nécessaire pour l'état auquel ils se destinent ; et, s'ils ont du temps de reste, qu'ils le consacrent à la lecture.

———

En effet, quels heureux résultats ne produit pas la lecture! Elle enrichit la mémoire, embellit l'imagination, rectifie le jugement, forme le goût, apprend à penser, élève l'âme, et inspire de nobles sentiments.

Les bons livres sont des conseillers aimables, qui nous instruisent sans nous ennuyer, nous avertissent de nos défauts sans nous offenser, et nous corrigent sans nous déplaire. Alphonse, roi d'Aragon, disait que les livres étaient les conseillers qu'il aimait le mieux, parce qu'ils ne flattaient point, et qu'ils lui apprenaient ce qu'il devait faire.

Ce sont des amis complaisants qui s'entretiennent avec nous quand il nous plaît, et que nous quittons quand nous voulons. Au milieu d'un peuple rustique et grossier, ils nous font trouver les douceurs de la société la plus charmante, ils nous offrent les richesses les plus précieuses de l'esprit humain, et les découvertes de tous les siècles. Ils sont une source d'agréments dans tous les états, dans toutes les situations de la vie : ils procurent mille plaisirs dans tous les âges, dans celui même qui n'en goûte presque plus : plaisirs qui se renouvellent sans cesse, que nous trouvons partout, que nous pouvons à tous les instants nous procurer.

La lecture suspend le sentiment des peines dont la vie humaine n'est jamais exempte, et fait oublier, au moins pour un temps, les chagrins qui se font sentir dans tous les états. Elle est dans bien des occasions une grande ressource contre l'ennui. On n'est pas toujours avec des personnes qui plaisent ; il vaut mieux être seul qu'avec des gens qui ne plaisent pas. Mais la solitude est bientôt à charge, quand on ne sait pas s'y occuper.

Qu'elle est agréable quand on sait tour à tour

s'amuser par le travail et par la lecture ! Livres enchanteurs, que d'heures et de jours vous m'avez dérobés à l'ennui ! que d'heureux moments vous m'avez procurés !

Les bons livres nous font part des lumières de ceux que la distance des temps et des lieux nous empêche de voir et de consulter. Ils nous rendent présents les plus grands hommes de l'antiquité, qui, dans leurs ouvrages immortels, semblent converser avec nous et nous instruire. Ils procurent mille connaissances utiles ou agréables, et nous servent comme de flambeau pour nous éclairer dans le cours de la vie.

———

Mais pour recueillir sûrement ces fruits précieux, lisez avec choix. La vie est trop courte pour lire toutes sortes de livres. Il y en a d'ailleurs de si dangereux, de si obscènes, de si impies, surtout dans ce siècle, qu'il y a beaucoup à craindre pour celui qui lit au hasard. Que de hideux feuilletons ! que d'ignobles romans ! Mais, hélas ! ne sont-ce pas ces livres-là mêmes que l'on recherche avec le plus d'empressement, qu'on dévore avec le plus d'avidité ? Que voit-on pour l'ordinaire entre les mains des jeunes gens ? De misérables ouvrages dont la lecture, si souvent dangereuse pour les mœurs, par le penchant à l'amour qu'elle inspire, sera toujours un grand mal, quand elle n'aurait d'autres effets que de corrompre les mœurs, de nourrir la paresse naturelle de l'esprit, et de dégoûter des lectures plus sérieuses et plus utiles ;

des brochures frivoles qui n'ont d'autre mérite que celui de la nouveauté; des livres effrontément cyniques, qu'on ne lit que pour ne plus apprendre à rougir de rien, et qui n'apprennent que ce qu'on devrait toujours ignorer; des productions impies qu'on se hâte de lire, parce qu'on espère y trouver de quoi calmer ses remords. N'y a-t-il donc plus d'autres bons livres où l'on puisse se former l'esprit, se perfectionner le style, s'amuser agréablement? ou les a-t-on lus tous?

Un jeune homme, qui avait reçu une excellente éducation, ayant un jour trouvé un livre obscène, n'en eut pas plus tôt lu quelques lignes qu'il le jeta au feu. Ayez le courage d'imiter cet exemple, et perdez plutôt un mauvais livre que de vous perdre vous-même. Mieux il est écrit, plus il est dangereux. Le serpent caché sous des fleurs n'en est que plus à craindre.

———

Qui pourrait dire l'effet d'un bon livre! Que de fois une simple phrase a réveillé dans le cœur les plus salutaires pensées? C'est en ouvrant, comme au hasard, la Vie des Saints, qu'Ignace de Loyola fut soudain converti. C'est un passage de l'*Imitation de Jésus-Christ* qui ramena La Harpe à la foi qu'il semblait avoir perdue depuis si longtemps.

« J'étais dans ma prison, dit-il, seul et profondément triste. Depuis quelques jours j'avais lu les Psaumes, l'Évangile, et quelques bons livres. Leur effet avait été rapide, quoique gradué. Déjà j'étais rendu à la foi, je voyais une lumière nouvelle; mais elle m'épouvantait et me consternait en me montrant un abîme, celui de quarante années d'égarement. Je voyais tout le mal, et aucun remède. Rien autour de moi qui m'offrît le secours de la religion. D'un côté, ma vie était devant mes yeux telle que je la voyais au flambeau de la vérité céleste, et, de l'autre, la mort, la mort que j'attendais tous les jours, telle qu'on la recevait alors. Le prêtre ne paraissait plus sur l'échafaud pour consoler celui qui allait mourir; il n'y montait plus que pour mourir lui-même. Plein de ces idées désolantes, mon cœur était abattu, et s'adressait tout bas à Dieu que je venais de retrouver, et qu'à peine connaissais-je encore. Je lui disais: Que dois-je faire? que vais-je devenir? J'avais sur une table l'*Imitation*, et l'on m'avait dit que dans cet excellent livre je trouverais souvent la réponse à mes pensées. J'ouvre au hasard, et je tombe en l'ouvrant sur ces paroles : *Me voici, mon fils, je viens à vous parce que vous m'avez invoqué*. Je n'en lus pas davantage · l'impression subite que j'éprouvai est au-dessus de toute expression, et il ne m'est pas plus possible de la rendre que de l'oublier. Je tombai la face contre la terre, baigné de larmes, étouffé de sanglots, jetant des cris et des paroles entrecoupées. Je sentais mon cœur soulagé et dilaté, mais en même temps comme prêt à se fendre. Assailli d'une foule d'idées et de sentiments, je pleurai assez longtemps, sans qu'il me reste d'ailleurs d'autre souvenir de cette situation si ce n'est que c'est, sans aucune comparaison, ce que mon cœur a jamais senti de plus violent et de plus délicieux ; et que ces mots : *me voici, mon fils*, ne cessaient de retentir dans mon âme, et d'en ébranler puissamment toutes les facultés. »

———

Ce n'est pas assez de lire avec choix ; il faut lire avec réflexion. Lisez moins de livres, et lisez-les bien. Il ne reste rien des lectures trop rapides. Prétendre à une universalité de connaissances est une illusion de l'amour-propre et la folie de notre siècle. La manie de tout savoir ou de savoir un peu de tout ne fait que des esprits superficiels et de présomptueux ignorants. Lorsqu'on veut trop savoir, on ne peut rien approfondir.

Ne lisez pas pour les autres, mais pour vous : voyez ce qui vous convient, et ce qui peut vous servir de règle de conduite. Lisez, non pour devenir plus savant, mais pour en être meilleur. C'est ainsi que vous devez lire l'histoire même, et non par un simple amusement ou par curiosité. Que vous servira d'être né après tant de grands hommes, si vous ne les prenez pas pour modèles ? Que vous servira d'être né après tant de fous et de scélérats, si vous n'en devenez pas plus sage et plus vertueux ?

Enfin lisez quelquefois avec un ami judicieux, et communiquez-vous mutuellement vos réflexions ; vous en lirez avec plus de plaisir et avec plus de fruit.

XXIV. — Le Jeu.

L'arc ne saurait rester toujours tendu. L'esprit et le corps de l'homme ont besoin de repos. Or, pour bien des personnes, le jeu est une des plus amusantes distractions. Le jeu corrige par sa douceur l'amertume des peines, et par son agrément il délasse de la fatigue des affaires. Il est donc quelquefois permis, il est utile même de jouer. Mais on ne doit, selon la belle pensée d'un saint Père et l'esprit du christianisme, prendre le jeu que comme une médecine, pour le besoin seulement, ou lorsque les circonstances en font comme une espèce de devoir à l'égard d'un malade, d'un ami ou d'un étranger, qu'il est de la politesse d'amuser quelques moments. Un sage païen, dont toutes les maximes de morale semblent avoir été dictées par la plus saine raison, ne permet de jouer qu'après une grande application et des occupations importantes. Qu'eût-il dit de ces personnes du monde qui emploient ou plutôt qui perdent tous les jours tant d'heures au jeu, sans qu'aucune occupation sérieuse leur ait fait mériter ce délassement, et pour qui même le jeu est si souvent une occasion de négliger leurs affaires, l'éducation de leurs enfants, le soin de leur salut, et leurs autres obligations?

La sagesse, qui condamne si sévèrement tous les abus, ne peut approuver celui du jeu, la perte du temps, l'oubli de ses devoirs, le goût pour une vie inutile et dissipée, l'attache au plaisir qu'en produit presque toujours l'habitude fréquente. Si elle nous recommande de jouer pour le plaisir, elle ne veut par là que nous défendre de jouer par intérêt, et de faire du jeu, comme tant de personnes, une affaire importante, une occupation sérieuse.

Voyez ce cercle de joueurs placés autour d'une table : quel air grave sur les visages ! quel morne silence ! ils passent des journées et souvent des nuits entières sans se déplacer. Le hasard, aveugle et farouche divinité, préside au jeu, et il décide en souverain du bonheur ou du malheur, de la joie ou de la tristesse. A la place de la gaîté et du plaisir, qui sont bannis de ces lieux, on y voit le désir de gagner et la crainte de perdre, suites inséparables de la passion du jeu, les plaintes, les regrets, les transports, quelquefois une joie maligne mêlée d'inquiétude, ou une flatteuse espérance qui souvent se change en désespoir. Qui pourrait peindre tous les divers mouvements qui s'élèvent tour à tour, ou se confondent ensemble sur le visage de ces joueurs, et qui annoncent et le trouble et le désordre de leur âme ?

Changeons de scène, et transportons-nous dans une de ces honnêtes et estimables familles auxquelles se joignent quelques amis choisis, qui, après avoir employé la plus grande partie de leur temps à d'utiles occupations, ou dans les jours accordés par la religion au repos et au délassement, jouent ensemble une partie peu chanceuse, moins pour gagner et pour vaincre que pour se prêter mutuellement à une distraction nécessaire, ou pour éviter d'autres parties de plaisir plus dispendieuses et moins innocentes. Nous y verrons régner la joie, la paix, la décence et la modération.

Comme eux, ouvrez votre cœur aux plaisirs permis, et ne vous refusez pas aux ressources gracieuses d'un honnête amusement. Interrompez votre travail lorsque la raison et la nécessité le demandent. Jouez et délassez votre esprit; suivez votre inclination, et choisissez entre les jeux celui qui vous plaira davantage, et qui sera le plus propre à vous divertir. Mais ayez pour maxime inviolable que le jeu soit toujours un plaisir pour vous. Ne jouez jamais, on ne saurait trop le répéter, ni gros jeu, ni jeux de hasard : un jeu où l'on est transporté du désir du gain et désespéré sur la perte, peut-il être la source d'un plaisir pur et délicat?

De combien de chagrins et de malheurs même ne devient-il pas souvent la cause! François Ier, roi de France, étant prisonnier en Espagne, joue un jour avec un grand, et lui gagne une somme immense. L'Espagnol, piqué de sa perte, en payant le roi, lui dit avec beaucoup de fierté: « Garde cela pour ta rançon. » Le monarque, irrité de l'insulte, lui donna sur la tête un coup d'épée dont il mourut. Les parents en demandèrent justice à Charles-Quint, qui, instruit de quelle manière la chose s'était passée, répondit : « Ce seigneur avait tort ; tout roi est roi partout. »

———

Ne mettez jamais au jeu que ce que vous pouvez y laisser sans intéresser votre fortune et votre conscience, sans vous préparer des sujets de chagrin et de repentir. Sachez, avant de vous décider, ce que vous avez envie de perdre : regardez-le comme perdu ; et si la fortune vous fuit, ne courez pas après elle, et ne vous obstinez pas à rattraper votre argent lorsqu'il s'est échappé.

Défiez-vous même de la fortune lorsqu'elle vous favorise : craignez ses perfides caresses. On se livre aveuglément à un trompeur espoir qui, semblable à ces feux errants qu'on voit voltiger dans les lieux marécageux ou sur les tombeaux, ne brille de temps en temps aux yeux du joueur que pour le conduire dans le précipice et causer sa ruine. Car voilà où se terminent la plupart des gros jeux ; c'est là presque toujours la triste destinée qui attend les joueurs de profession, les joueurs passionnés. On en voit bien peu s'enrichir. Dominés par la passion du jeu ou par le désir d'avoir encore plus, ils n'ont pas la force de se borner à un gain considérable ; et à force d'exposer leur argent, ils trouvent enfin le moment fatal où ils échouent : un coup funeste leur enlève d'ordinaire le fruit de plusieurs victoires. Le jeu est le théâtre de la fortune ; nulle part elle n'est plus inconstante. Elle comble aujourd'hui de richesses, elle élève autour de ses favoris des monceaux d'or, et demain elle les dépouillera de tout, elle les laissera sans argent, sans crédit, sans ressources : revers cruel, d'autant plus accablant qu'on a été plus heureux, et que le plaisir que donne le gain n'égale jamais le chagrin que cause la perte.

Que de jeunes gens, de fils de famille, ont en quelques nuits dissipé jusqu'au dernier sou un magnifique patrimoine, fruit des sueurs de leur père !

Aussi n'est-ce pas l'avarice qui a inspiré aux hommes le désir de jouer. Celui qui aime l'argent ne le hasarde pas volontiers, et l'on trouve peu d'avares qui sachent même les jeux les plus communs. C'est le plus souvent l'ennui, l'oisiveté, la paresse, qui, détournant des occupations sérieuses, attachent au jeu, où l'on espère se désennuyer, et où l'on cherche à user le temps, ce temps si précieux, dont on ajoute la perte à toutes les autres.

Pour vous, fidèle aux lois de la sagesse, faites-vous du jeu un plaisir et non une occupation : ayez-en de plus profitables et de meilleures. De quelle utilité est pour l'État un joueur de profession ? ne jouez, comme nous l'avons déjà dit, que pour vous délasser, pour vous dérober à un ennui passager qui vous obsède, à des chagrins qui vous affligent, ou lorsque vous ne pouvez pas faire autrement. Mais, sur toutes choses, tâchez d'être bon joueur. Cette qualité est rare : celui qui la possède garde un silence respectueux lorsque le jeu lui réussit ; tranquille et de bonne humeur quand il perd, il ne se fâche de rien. Il voit d'un œil égal le bonheur et le malheur ; son air est toujours serein et son front sans nuages : il paraît même plus gai dans la perte que dans le gain.

Si vous voulez lui ressembler, n'intéressez le jeu que pour l'animer : il est plus facile de conserver cette égalité d'âme dont nous venons de parler quand on ne joue que peu de chose. Celui qui risque au jeu de grandes sommes n'est, pour l'ordinaire, ni honnête joueur, ni noble joueur. On en voit qui ne jouent que des jeux où l'intérêt n'est pour rien, qui jouent peu de temps, peu de chose, et, malgré d'excellentes qualités, sont très-mauvais joueurs. C'est que ce défaut ne vient pas toujours de l'esprit d'intérêt, mais souvent d'un orgueil mal entendu, qui ne veut jamais être vaincu, et qui aime à l'emporter. L'inquiétude au jeu sur le gain ou la perte est petitesse, la colère est grossièreté, et l'avarice est bassesse d'âme. Celui qui montre de l'humeur lorsqu'il perd a un double chagrin : il perd, et il est raillé, ou, ce qui lui doit être encore plus sensible, personne ne veut jouer avec lui.

Rien n'est plus propre à faire connaître le caractère que le jeu : le naturel y échappe et se démasque. Sachez donc si bien vous y posséder, et y être tellement maître de vous-même, que vous ne vous exposiez pas à perdre en un moment toute la bonne opinion qu'on avait de vous. Ne perdez point de partie que vous ne gagniez quelque chose de plus précieux que votre argent : l'estime de ceux avec qui vous jouez.

Ce n'est pas qu'il faille jouer avec indifférence. Mais ne vous plaignez ni de vous-même ni de vos associés. Ne disputez jamais sur le jeu, ou faites-le avec tant de politesse et d'égards qu'on n'ait aucune peine à vous céder. Avouez vous-même votre tort dès qu'on vous le fait connaître, et, s'il le faut, relâchez de votre droit. Vous aurez gagné beaucoup si vous avez su vous rendre aimable et vous faire estimer.

XXV. — Le vrai Bonheur.

Voulez-vous vivre heureux? sentez le prix des biens que vous possédez, et sachez en jouir. Mettez des bornes à vos souhaits et à vos besoins : plus on désire, plus il manque de choses. Contentez-vous du nécessaire : la modération vaut mieux que tous les trésors de la fortune, et la possession des richesses ne donne pas le repos qu'on trouve à n'en point désirer.

Quelqu'un disait un jour à Ménédème, philosophe grec : « C'est un grand bonheur d'avoir ce qu'on désire. — C'en est un bien plus grand, répondit-il, d'être content de ce qu'on a. » Ceux qui sont agités d'une foule de désirs, en proie à une ambition aveugle ou à une cupidité effrénée, désirent sans cesse et ne sont jamais contents. Jouets éternels d'une trompeuse espérance, ils empoisonnent le bonheur de leurs jours par de vains désirs qui les dégoûtent de leur état, les empêchent d'en remplir les devoirs, et d'en sentir les avantages.

Rien n'est plus étonnant que de voir les hommes courir sans cesse après le bonheur sans pouvoir l'atteindre. Au lieu de le chercher dans la modération de leurs désirs et dans la jouissance de ce qu'ils ont, ils croient toujours l'apercevoir dans des postes, des richesses ou des plaisirs qu'ils n'ont pas ; et, lorsqu'ils les ont obtenus, honteux de ne l'y point trouver, et non guéris de leur folie, ils continuent toute leur vie à l'aller chercher dans d'autres objets, et meurent avec la douleur de ne se voir pas plus près du terme que le jour qu'ils avaient commencé à y tendre.

Non, un vaisseau battu d'une tempête affreuse, roulant au gré des flots en fureur, au milieu des éclairs, n'est pas plus agité qu'un esprit inquiet qui se livre à tous ses désirs. Celui au contraire qui sait les modérer et les tenir sous son empire, ressemble à un vaisseau qui, poussé par les doux zéphirs, vole légèrement sur les ondes, et arrive heureusement au port.

Il faut savoir se borner. Il y a plusieurs années que vous dites : Quand j'aurai fini cette affaire, je serai content. Vous en avez fini heureusement plusieurs, et vous êtes plus inquiet que jamais. Vous vous flattiez que, lorsque vous auriez obtenu cette place, cette dignité, vous seriez au comble du bonheur; mais dès que vous l'avez eue, vous en avez désiré une autre plus grande, dont vous vous voyez plus proche. Le désir augmente quand on le croit rempli, et l'on n'est jamais ni heureux ni content.

Tous les hommes cherchent le bonheur, et peu le trouvent, parce que la plupart le mettent dans la possession de ce qu'ils n'ont point ou de ce qui ne peut le leur donner. Il fuit souvent aussi ceux qui le poursuivent avec trop d'ardeur. Il en est du bonheur, en quelque sorte, ainsi que de la santé : ceux qui la cherchent trop sont ceux qui la trouvent le moins.

Pères et mères qui voulez rendre un jour vos enfants heureux, au lieu de leur répéter sans cesse les usages et les maximes du monde, les droits de leur naissance, les avantages des richesses, formez-les surtout à la vertu, et apprenez-leur cette précieuse modération dont nous parlons. Ils seront toujours assez polis s'ils sont humains, assez nobles s'ils sont vertueux, assez riches s'ils ont appris à modérer leurs désirs.

Un des plus grands obstacles au bonheur de la plupart des hommes, c'est le désir trop vif des biens de la terre. Plus on a, plus on veut avoir. On est moins content de ce qu'on possède que jaloux de ce qu'ont les autres, et empressé d'en avoir encore davantage. « Mais, dit Salomon, l'homme qui se hâte de s'enrichir, et qui porte envie aux autres, ne sait pas qu'il se trouvera surpris tout d'un coup par la pauvreté. »

Et souvent on perd tout en voulant tout avoir.

L'homme heureux n'est pas celui qui n'a besoin de rien, mais celui qui peut vivre sans ce qu'il n'a pas, et que la privation de ce qui lui manque n'affecte point. Un solitaire avait mis sur la porte de sa solitude :

« Il est plus facile de réprimer un premier désir que de satisfaire tous ceux qui viennent ensuite. »

Ce retranchement, ou plutôt cette modération de désirs, est en effet le seul moyen de nous rendre heureux. Nous ne prétendons pas néanmoins qu'elle puisse nous procurer une félicité pleine et inaltérable. Ce bien n'est réservé que pour l'autre vie, et la religion seule est chargée de nous conduire dans la route du bonheur qu'elle nous prépare au-delà du temps. Cette vie est une vie de tentations et de combats, de peines et de traverses, d'afflictions et de chagrins. La constitution de notre corps, la faiblesse de notre nature, l'activité des éléments, la variété des saisons, les différentes sortes d'esprits, de caractères et d'humeurs des personnes avec lesquelles nous sommes obligés de vivre, le choc des passions et des intérêts, toutes ces choses nous empêcheront toujours d'être ici-bas parfaitement heureux. Dieu l'a ainsi voulu, afin que nous ne nous attachions pas trop à la terre, et que nous portions nos vœux vers celui qui seul peut les remplir. Mais il est vrai aussi que, si quelque chose est capable de diminuer le nombre et la violence des maux que nous avons à souffrir dans notre exil, c'est cette modération de désirs que nous recommandons. C'est elle qui peut nous rendre heureux autant qu'on peut l'être sur la terre, sans que le bonheur présent ruine les espérances de l'avenir. Elle est comme les heureuses prémices et le garant de la félicité qui nous est destinée dans le ciel, puisque rien n'est plus conforme à l'esprit de la religion que de mettre des bornes à ses désirs, de n'avoir aucune attache au monde ni à tous ses biens, dont la figure passe et s'évanouit comme l'ombre. Qu'était le monde pour les Hilarion, les Pacôme, les Benoît, les Bernard !

La grandeur, la gloire, les richesses, les honneurs distingués, rien de plus beau ni de plus flatteur ici-bas ; mais un jour tout cela sera compté pour rien, et ne servira même souvent qu'à rendre plus malheureux, parce qu'il aura rendu plus criminel. Que deviendront toutes ces choses frivoles qui paraissent successivement sur la scène du monde, et après lesquelles nous courons avec tant d'ardeur ? Que deviendront-elles quand le monde lui-même aura disparu ? il n'en restera plus aucun vestige : tout ira s'enfoncer et se perdre dans les espaces immenses de l'éternité. La vertu, qui pourrait bien plus sûrement nous conduire à la vraie félicité que tous ces faux biens ; la vertu, que nous négligeons, survivra seule à la ruine de l'univers, et ne périra point.

Rien de plus brillant que les grandes dignités et les emplois honorables ; on se voit élevé au-dessus des autres hommes, on commande à ses semblables, on reçoit leurs respects et leurs hommages. Mais perçons cette enveloppe éclatante : nous serons surpris de trouver que ces dignités et ces emplois ne sont le plus souvent que de grands fardeaux et de vraies servitudes, ou, pour se servir de l'expression d'un ancien philosophe, *d'honorables tortures.*

On a très-bien comparé ceux qui occupent les plus hauts rangs à ces corps célestes qui ont beaucoup d'éclat et n'ont point de repos.

« Ornement plus riche et plus noble que tu n'es heureux, disait Antigonus en considérant sa couronne, si l'on savait combien de périls et de misères t'accompagnent, lorsque tu serais par terre on ne daignerait pas seulement te ramasser. »

Ne croyons donc pas, avec le vulgaire imbécile, que les plus élevés des hommes soient les plus heureux. Le bonheur est rarement assis sur le trône, comme l'avoua un jour Théodose-le-Jeune.

Ce prince, s'étant éloigné de ses gens dans une chasse, arriva très-fatigué à une cabane. C'était la cellule d'un anachorète. Le solitaire le prit pour un officier de la cour, et le reçut avec honnêteté. Ils firent la prière et s'assirent. L'empereur, jetant les yeux de toutes parts, ne vit dans la cellule qu'une corbeille où étaient un morceau de pain et un vase plein d'eau. Son hôte l'invite à prendre quelque chose, le prince accepte. Après ce repas frugal, s'étant fait connaître pour ce qu'il était, le solitaire se jeta à ses pieds. Mais l'empereur le releva, en lui disant : « Que vous êtes heureux, mon père, de vivre loin des affaires du siècle ! Le vrai bonheur n'habite pas sous la pourpre. Je n'ai jamais trouvé de plus grand plaisir qu'à manger votre pain et à boire votre eau. »

L'homme s'ennuie au milieu de sa gloire, de ses titres et de ses envieux. Ces honneurs qui auraient dû, ce semble, satisfaire son cœur, n'y portent que le dégoût et l'inquiétude. La fortune peut nous rendre plus puissant, mais non pas plus heureux.

N'ambitionnez donc pas les distinctions et les honneurs : c'est y mettre un trop grand prix que de les rechercher avec empressement. Lorsque les emplois accordés par la Providence divine pour vous donner lieu d'exercer les talents qu'elle vous a confiés viennent s'offrir à vous, recevez-les avec reconnaissance, et remplissez-les avec bonheur. Toutefois, si l'on vous parle de les aller chercher, répondez avec autant de modestie que de grandeur d'âme que les moindres dignités, quand elles sont offertes comme la récompense du mérite, sont dignes d'être acceptées, et doivent l'être ; mais que les plus grandes sont trop peu de chose pour être briguées, et que c'est cesser de mériter les honneurs que de demander ceux qu'on mérite.

Les dignités ne conviennent bien qu'à celui qui est déjà grand par lui-même. Mais un tel homme ne s'empressera pas d'aller, comme tant d'autres, offrir son encens à l'idole de la grandeur : il en connaît trop la vanité. Il sait qu'il ne faut qu'un instant pour la faire disparaître, et que bien certainement la mort, ce ministre de la majesté et de la justice divine, destiné pour confondre l'orgueil humain, la brisera et la réduira en poudre.

Il laisse donc les autres briguer les grandes places, aimer à se revêtir de charges et d'honneurs, pour se distinguer de leurs égaux et s'élever au-dessus d'eux. Il aime mieux triompher de lui-même que de ses concurrents, et vaincre son ambition que ses rivaux.

Ce n'est pas qu'il faille mépriser les honneurs et les emplois distingués : on doit tâcher même de s'en rendre digne. Mais le sage se console s'il ne les a pas, lorsque, pour y monter, il lui faudrait suivre ces sentiers obscurs et tortueux par lesquels l'ambition conduit si souvent aux grands postes, et qui ne furent jamais le chemin de la vertu. « Oui, dit-il quelquefois, je renonce sans regret à toutes les dignités, si, pour y parvenir, je dois, comme tant d'autres, fouler aux pieds honneur, probité, sentiments, et sur ces ruines élever l'édifice de ma grandeur. » Combien de serpents, à force de ramper, arrivent enfin à la cime d'un arbre qui n'était fait que pour servir de retraite aux oiseaux du ciel !

Lorsque la fortune nous néglige, pour élever aux premières places des hommes méprisables et sans mérite, ce n'est pas nous qui sommes le plus à plaindre ; et c'est peut-être moins une injure qu'elle nous fait qu'un bon office qu'elle nous rend. Le changement de fortune change d'ordinaire les mœurs : en quittant son ancien état, on y laisse sa vertu et son mérite, et l'on ne cesse souvent de paraître dignes des emplois honorables que lorsqu'on les a obtenus.

Ne pourrait-on pas dire la même chose des richesses, à voir la manière dont le plus souvent elles sont distribuées. Les plus heureux ou les plus habiles, quelquefois les plus méchants et les plus indignes, les obtiennent. Les honnêtes gens n'ont souvent que de belles espérances : ils restent dans l'indigence et dans l'obscurité, tandis que d'autres, qui auraient dû n'en sortir jamais, s'élèvent et laissent bien loin derrière eux la vertu indignée. Ainsi l'écume des mers s'élève sur leur surface, tandis que les perles restent au fond. Un financier qui avait amassé de grands biens à l'aide de l'usure, disait à un sage : « Il faut, je crois, bien de la force d'esprit pour mépriser les richesses. — Vous vous trompez, lui répondit le philosophe ; il suffit de regarder entre les mains de qui elles passent. »

Peu de bien avec l'innocence et la probité vaut mieux que des tonnes d'or amassées par les mains de l'injustice.

———

Que de peines et d'inquiétudes ne donnent pas les grands biens ! Que de moments d'humeur et de tristesse obscurcissent les plus beaux jours du riche ! Que de regrets surtout et de frayeurs n'a-t-il pas à la mort ! On a bien peu d'années à posséder les plus immenses trésors. Quelque considérables qu'ils soient, il faudra bientôt les quitter ; et plus le sacrifice est grand, plus il coûte. Ce sont comme autant de liens qui attachent à la vie. O mort ! s'écrie avec ce roi infidèle de l'Ecriture le riche mondain près du tombeau, où il va être dépouillé de tout ; ô mort, que tu es amère ! et qu'il est douloureux de se séparer de ce qu'on aime !

Plus la vie a été douce et agréable, plus on se la voit arracher avec regret. Et peut-on même dire pour l'ordinaire qu'elle ait été douce et agréable ? Victime de ses intempérances et de ses excès, en proie aux douleurs et aux maladies, le riche souvent ne goûte aucun plaisir. La joie pure et douce fuit loin de son cœur. Les meilleurs mets de sa table sont moins pour lui que pour les autres. On se divertit, on se réjouit chez lui, tandis qu'il souffre et qu'il se plaint. Telle est la triste condition de bien des riches. A moins que l'homme opulent ne vive comme les personnes d'un état médiocre, ses richesses, loin de lui être avantageuses, ne font qu'abréger ses jours et le rendre malheureux.

Aussi le plus sage des rois, convaincu de la vanité des grandes richesses, et les mettant bien au-dessous de l'heureuse médiocrité, ne demandait à Dieu que celle-ci : « Seigneur, lui disait-il, ne me donnez ni la mendicité ni les richesses ; donnez-moi seulement ce qui m'est nécessaire pour vivre, de peur que, étant dans l'abondance, je ne sois tenté de vous renoncer, et de dire : Qui est le Seigneur ? ou que, pressé par l'indigence, je ne dérobe le bien d'autrui. »

Il pensait avec raison que, si la grande pauvreté est quelquefois dangereuse, la multitude des richesses ne l'est pas moins. L'indigence porte aux murmures et aux blasphèmes, engage à devenir le vil ministre ou l'esclave des passions des riches : l'opulence conduit à l'impiété, à l'oubli de Dieu et de ses devoirs. La pauvreté, lorsqu'elle n'est pas soutenue et ennoblie par la religion, rend vil et malheureux : les richesses enflent le cœur et le corrompent. L'état le plus sûr, le plus honorable et le plus doux, est donc de vivre, quand on le peut, entre l'abondance et l'indigence, et le plus loin qu'il est possible de ces deux extrémités. C'est entre l'une et l'autre qu'habite le bonheur avec la sagesse.

Il est, jeune homme, une tendance de notre siècle contre laquelle je voudrais bien vous prémunir. Voyez partout quel insolent empire exercent sur les âmes les intérêts matériels et les sciences qui ne sont que les agents et comme les serviteurs de l'homme terrestre. Est-ce donc que la source de la félicité se trouve ailleurs que dans le cœur de l'homme? Les canaux et les chemins de fer, les inventions mécaniques, les merveilleux progrès de l'industrie et de l'art, constituent-ils donc réellement le bonheur? Oh! non; n'oublions jamais que le bonheur ne se mesure pas sur la somme des commodités et des richesses dont on jouit, mais sur le contentement intérieur; c'est-à-dire sur la règle que l'on sait imposer à ses désirs pour les modérer.

L'art d'être heureux, c'est l'art de se contenir, et cet art, la morale seule l'enseigne. La morale fait donc plus d'heureux que toutes les productions de la science pour multiplier les aises et la richesse de l'homme n'en pourront jamais faire. La richesse, les plaisirs, les honneurs ne contentent pas par eux-mêmes; ils ne contentent que ceux qui savent être contents. Sans vouloir rabaisser le moins du monde les fruits de l'industrie moderne, il faut pourtant dire qu'il importe mille fois plus à l'homme pour son bonheur même ici-bas, c'est-à-dire pour la règle de sa vie, d'avoir des idées nettes et précises sur son origine et sur sa fin, que d'aller un peu plus ou un peu moins vite de Paris à Limoges, ou même à Pékin.

Adressez-vous donc à Dieu pour avoir la sagesse,

et faites-lui souvent la même prière que lui fit Salomon.

Dieu lui ayant offert, lorsqu'il monta sur le trône, tout ce qu'il plairait à son cœur de désirer, il fit le choix le plus judicieux qu'on puisse jamais faire. Bien différent des autres hommes, qui dans leurs prières demandent tout à Dieu, excepté la sagesse, ce fut l'unique chose qu'il lui demanda. « Puisque vous voulez que je règne, lui dit-il, donnez-moi ce qui m'est nécessaire pour régner avec justice et avec équité : un esprit droit, un discernement juste, et surtout ce cœur docile qui est en même temps le principe et un des premiers fruits de la sagesse. C'est la sagesse seule qui peut faire les vrais rois et les grands princes. C'est elle, Seigneur, qui conçut avec vous le dessein de former le monde, et qui en fit le chef-d'œuvre de votre puissance, c'est par elle encore que vous le gouvernez depuis tant de siècles avec ce bel ordre qu'on ne peut considérer sans admiration, et qui porte si visiblement les traits divins de votre providence. Envoyez-la moi donc aussi pour m'éclairer durant cette vie mortelle, pour diriger mes pas incertains au milieu des ténèbres et des précipices qui m'environnent, pour m'instruire de tout ce que je dois faire, afin d'être agréable à vos yeux. »

Salomon eut le bonheur d'obtenir ce qu'il demandait. Dieu lui accorda la sagesse, et avec elle tous les autres biens qu'il ne demandait pas. C'est aussi ce qui vous arrivera, si vous êtes assez heureux pour obtenir la sagesse. Elle vous procurera tout ce qui vous est nécessaire pour passer heureusement cette vie, et vous tiendra lieu de tout le reste.

Que peut-il manquer à celui qui est sage, pour être heureux autant qu'il est permis de l'être sur la terre? N'a-t-il pas cette tranquillité d'âme qui est, selon l'expression de l'Ecriture, comme un festin continuel; cette paix de la conscience et cette modération de désirs qui sont les plus doux fruits de la vertu?

Oui, voilà ce qui le rend le plus heureux des hommes. Tout ce que la fortune peut donner ne vaut pas ce qu'il possède, puisqu'il a la sagesse. Et que sont tous les biens du monde au prix d'elle?

Soyez fidèle à mes leçons, mon fils : le monde cache mille piéges, vous les fuirez : ses espérances sont vaines, vous les foulerez aux pieds : ses richesses fugitives, vous les sèmerez dans le sein des pauvres, sûr de recueillir un jour une riche moisson. Prenez pour guide la raison immortelle, Jésus-Christ, et vous brillerez comme un astre au milieu de beaucoup d'hommes jeunes et vieux. Que dis-je? oui, l'éclat des astres s'efface devant celui d'une vie pure. Je vois en esprit les prophètes, les martyrs, les apôtres réunis en chœur, vous offrir des palmes, saluer votre entrée dans le ciel comme celle d'un enfant réuni à sa famille : vous goûterez une gloire durable, et, la couronne sur le front, vous mêlerez vos joies à celles des anges.

FIN.

TABLE.

I. La Crainte de Dieu. 5
II. La Religion seul fondement de la morale. 19
III. La Religion chrétienne. 27
IV. La Religion catholique seule vraie. 42
V. La Piété. 48
VI. L'Orgueil. 56
VII. Le véritable Honneur. 66
VIII. La Patience dans les peines. 75
IX. La Patience avec le prochain. 89
X. Le Pardon des injures. 98
XI. L'Esprit de concorde. 105
XII. La Colère. 108
XIII. La Piété filiale. 113
XIV. La Charité pour les pauvres. 121
XV. La Reconnaissance. 143
XVI. L'Envie. 146
XVII. La Médisance, la Raillerie. 153
XVIII. La Discrétion. 162
XIX. La Prudence. 165
XX. La Vérité, la Fidélité dans les paroles. 177
XXI. La Tempérance. 183
XXII. Choix des compagnies. 191
XXIII. Etude, Lectures. 203
XXIV. Le Jeu. 219
XXV. Le vrai Bonheur. 225

FIN DE LA TABLE.

Limoges. —Imp. EUGÈNE ARDANT : Cie.

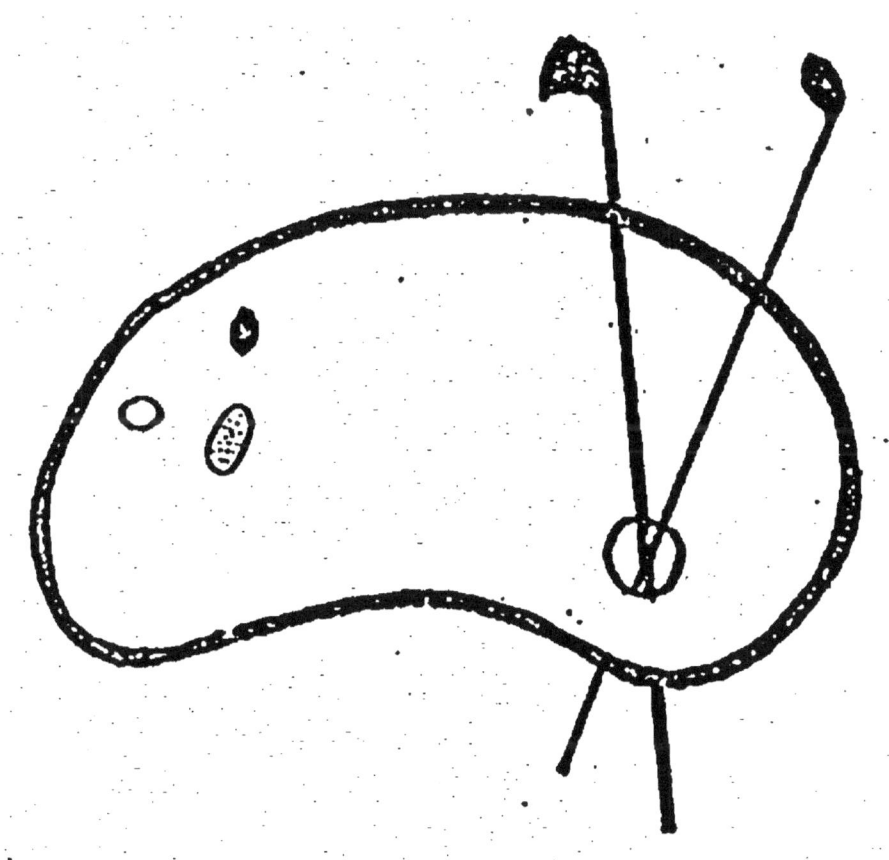

ORIGINAL EN COULEUR
NF Z 43-120-8

www.ingramcontent.com/pod-product-compliance
Lightning Source LLC
Chambersburg PA
CBHW061955180426
43198CB00036B/1098